Marusya Dzyga

DIE UKRAINE
DAS LAND OHNE GESICHT

Herstellung und Verlag:
BoD – Books on Demand, Norderstedt
ISBN 978-3-8482-2870-6

Inhalt

Einleitung

Warum schreibe ich dieses Buch? Der wichtigste Grund, dass für mich selbstbestimmend ist - die Notwendigkeit, sich auszureden. Und das ist unentbehrlich, denn ansonsten wird sich alles, was mir in der Ukraine in den letzten 10 Jahren widerfahren ist, in ein riesiges Schneeball zusammengepresster schwerreifer hochqualitativer Hassgefühle gedeihen. Und Hassgefühl ist stark destruktiv. Jedoch in diesem Falle möchte ich mich egoistisch verhalten. Mein Hass solle mich verlassen und das Leben derer zerstören, die sich nicht schämen und frei von jeglichem Bedenken mein Land quälen, ausschließlich des eigenen Nutzens wegen. Ohne etwas Positives oder Neues zu tun und ohne das Leben der Menschen zu verbessern, worüber die sich aus der Sicht ihrer Position und der übernommenen Verantwortung kümmern müssen.

Ich weiß, sie werden sich noch schämen. Aber ich weiß auch, dass ihr Wohlergehen von gewöhnlichen Menschen, wie mich, abhängt. Von denen, die davon träumen, ehrlich zu arbeiten, in Sauberkeit zu leben, mit ihren Kindern zu reisen,

Sport zu treiben und trotz alledem auf ihr Land stolz zu sein. Jedes Jahr gibt es immer weniger solche Menschen. Jeder Dritte träumt, das Land zu verlassen? Ich glaube, die Statistik hat sich in den letzten drei Jahren geändert und nun träumt schon jeder Zweite, das Land zu verlassen, d.h. es sind 50% der Bevölkerung. Einige träumen nur, andere verlassen das Land wirklich. Sie verreisen, obwohl jeder vernünftige Mensch weiß, dass in einem fremden Land oft unerwartete Schwierigkeiten auflauern, und das trotz einiger finanzieller Ersparnisse. Nur des Öfteren sind solche Schwierigkeiten mehr human, vergleichbar zu denen in der eigenen Heimat. Und ich möchte unsere Beamten – Steuerfahnder, Zollbeamten, Polizisten, andere Staatsbeamten, sogar den Präsidenten – fragen: Was wird geschehen, wenn all diese einfachen Menschen, einfache Arbeiter, das Land verlassen werden – wen werdet ihr ausbeuten? Für die jetzige Generation reicht es wohl aus, aber wer wird eure Kinder bestechen und Gelder in deren Banken einlegen? Die Obdachlosen von den Mülldeponien? Oder arme kinderreiche Mütter, denen sie neulich die gesetzliche finanzielle Unterstützung gestrichen haben? Oder werdet ihr zu den Müttern gehen, welche für die Geburt des dritten Kindes 50.000 Hrivna vom Staat bekommen haben, und die Rückgabe der Gelder verlangen, zuzüglich der anfallenden Zinsen? Was noch kann ihr schrulliger Geist erdenken und wie viel Geld braucht ihr, um sich glücklich zu füllen? Diese Fragen, die ich euch stellen möchte, sind der zweite Grund, warum ich dieses Buch schreibe. Ja, das ist ein echter Blick aus dem Inneren der Ukraine. Eine wahre Geschichte darüber, wie wir in den letzten 10 Jahren leben.

Ich bin keine Soziologin oder Politologin. Ich machte keine besonderen Umfragen und ich unterstützte nie eine politische Kraft in der Ukraine oder anderswo. Aber mein Leben ist vielfältig, wie, ja, das Leben jeder Frau. In der Ukraine probierte ich eine Vielzahl von sozialen Rollen aus, und dies ist der Grund, warum ich fast zu jedem Bestandteil des Lebens in meinem Land etwas aussagen kann.

Solche Bücher schreibt man entweder überhaupt nicht oder aber sehr schnell, weil die Worte aus der Seele strömen. Immer wieder lese ich das Geschriebene und vergleiche mit meinen Eindrücken und Erinnerungen. Und immer wieder verfolgt mich das gleiche Gefühl, das Gefühl der Skepsis. Ich lese das und frage mich ständig: Ist es tatsächlich wahr? Ist es überhaupt möglich, so zu leben? Es ist wahrlich beängstigend, dies zu bejahen. Es ist möglich, so zu leben, und wir leben so schon seit vielen Jahren. Und tun so, als ob unser Leben irgendwelchen Normen entspricht. Jedoch in der Tat ähneln wir einer Herde von Schafen, denen gelegentlich ein Almosen in Form von Lebensmitteln zugeworfen wird, und als Dankbarkeit bemerken wir nicht den Schmutz und die Unannehmlichkeiten. Ukrainer, werdet nicht beleidigt! Ich bin in der gleichen Herde mit euch. Ich lebe auch hier.

Business

Das Jahr 2004. 10 Uhr morgens. Das Gebäude der staatlichen Bezirksverwaltung des Petscherskiy Bezirks[1]. In dieser total veralteten Organisation werden Unternehmen registriert. Das Ziel des Verfahrens liegt darin, ein Stück Papier zu ergattern, das das Recht gibt, Steuern und Bestechungsgelder zu zahlen, oder – die offizielle Sprache anwendend – Geschäfte zu machen.

Es ist 10 Uhr morgens. Nur 2 der 7 oder 8 Büros sind geöffnet. In einem schmalen Korridor stehen etwa 50 Personen, außerdem gibt es noch 3 Stühle und 1 Tisch. Eine Beratungsselle existiert nicht, falls du aber Fehler in den Unterlagen haben solltest, wirst du im Büro nicht angenommen. Um ein neues Unternehmen zu registrieren oder Änderungen in die Unterlagen der bereits bestehenden Unternehmen einzutragen, müssen die Leute bereits ab 6 Uhr früh Schlange stehen. Vor den Türen der noch geschlossenen staatlichen Behörde versammeln sich „Aktivisten" und machen eine Liste. Normalerweise sind gegen 10 Uhr, als die Behörde

---

[1] Petschersk – ist einer der Bezirke der Stadt Kyiv, der zentralliegende Bezirk, wo die Elite der Stadt lebt.

geöffnet wird, bereits 80 bis 130 Personen aufgelistet. Pro Arbeitstag werden maximal 40 Personen angenommen. Was die Anderen tun sollen, juckt keinen.

Ich bin auch in dieser Menschenmenge. Und ich möchte allzu stark eine Geschäftsfrau werden. Deshalb fange ich im Korridor die Leiterin der Behörde ab und bitte sie, mich vorzulassen, dabei versuche ich, Mitleidsgefühle zu erwecken. Nach 5 Minuten Gespräch stellt es sich heraus, dass Antragsteller, wie ich, nämlich zukünftige private Unternehmer, außer der Reihe angenommen werden dürfen. Wenn ich aber frage, warum diese Information weder an den Türen noch auf dem Informationsstand angebracht ist, zuckt sie nur überraschend mit den Schultern: „Dies kennt doch jeder!" Wie man sagt, jeder kennt es, aber jeder schweigt darüber.

Ich gehe zurück zum genannten Büro und stelle mich vor die Türe. Sobald die Menschen verstehen, dass ich außer Reihe angenommen werden möchte, bricht ein Skandal aus. Ich verstehe die anstehenden Leute, aber ich will doch meinen gesetzlichen Vorteil in Anspruch nehmen. Nur das Erscheinen der Leiterin verhindert eine Schlägerei: sie nimmt mich mit ins Büro, ohne auf die Menge zu achten.

Das Jahr 2011. Es ist 11 Uhr morgens. Fast 7 Jahre sind vergangen. Im Laufe der Jahre war ich mehrmals in der Bezirksverwaltung, aber dieses Mal ist die Situation symbolisch. Ich bin gekommen, um mein Business abzumelden. Wir hören viel über die Verbesserung der Businesssituation im Lande und darüber, wie wichtig und notwendig die Unternehmer für die Ukraine sind. Aber was hat sich im Laufe der Zeit verändert? Das gleiche Gebäude und die gleichen Büros, es gibt bereits 6 Stühle und alle 7 Büros sind geöffnet. Aber im schmalen Korridor stehen, wie seit ehedem, viele Menschen, die sich schon ab 6 Uhr morgens in die Warteliste eintragen müssen. Etwa 80 Personen. Solche, wie ich, werden außer Reihe in eine der Büros angenommen. 2,5 Stunden musste ich damals anstehen. Tröstend, erzählt man sich in der Schlange, dass die Petscherskiy Bezirksverwaltung nicht die Schlechteste sei. In anderen Stadtbezirken ist die Situation viel schlimmer.

Warum lassen wir solchen Umgang mit uns zu? Ich weiß nicht. Vielleicht ist es immer noch in unseren Genen und wir verspüren Angst im Unterbewusstsein. Aber es ist eindeutig klar, dass sobald du die Entscheidung triffst, ein Unternehmer in der Ukraine zu werden, bist du jedem Beamten etwas schuldig, der einen bei der Anmeldung, Organisation oder Abmeldung des Unternehmens über den Weg läuft. Man verdächtigt dich sofort wegen Steuerhinterziehung oder Einkommensverheimlichung, a priori bist du reicher als jeder Beamter und es ist gar unverständlich, warum du nicht von selber den Wunsch empfindest, deinen Gewinn mit jemandem zu teilen.

Dabei möchte keiner regelrecht arbeiten, aber du bist immer dem Staat etwas schuldig. Ich versuche bereits seit einem Jahr, mein Geschäft abzumelden. Um dies zu tun, soll vom Finanzamt eine Prüfungsbestätigung ausgestellt werden, aber die Wartezeit von den armen Kerlen, die ihr Geschäft abmelden möchten, liegt bereits 6 Monate im Voraus. Darüber hinaus muss ich immer noch regelmäßig Finanzberichte vorlegen, trotz des registrierten Antrags über die Schließung des Unternehmens und der ausbleibenden geschäftlichen und finanziellen Aktivität. Im Finanzamt kann man nicht eindeutig erklären, wie solche Berichte auszusehen haben. Und nach 11 Monaten stellt es sich ganz zufälligerweise heraus, dass meine Berichte auf einer falschen Form eingereicht wurden. Sicherlich kann man die richtige Form einreichen, aber wegen offensichtlichen Terminverstoßes ist eine Strafe zu zahlen. Die Show geht weiter...

Ich wiederhole oft den Satz, die ich einst in einer Zeitschrift gelesen habe:„Diejenigen, die es wissen, wie man es besser macht, wissen oft nicht, wie man es gut machen kann“. Es entspricht unserem Land in dem Ausmaß, dass mir manchmal Weinen zumute ist. Nichts tut man rechtzeitig und regelrecht. Alles wird für die Zukunft und daher aus unerklärlichen Gründen sehr nachlässig gemacht. Es werden komplizierte Gesetze angenommen, die danach erklärt, ergänzt, geändert und ersetzt werden. Aus unbestimmten Gründen wird vieles oft nachträglich angenommen. Kein Wunder, dass unsere Buchhalter, um die Spannung loszuwerden, Horrorfilme anschauen. Das amüsiert sie.

Aber kehren wir doch zurück zu unserem Geschäftsleben. Die Organisation eines beliebigen Unternehmens in unserem Land ist immer ein Abenteuer. Dies ist so immer so lustig, dass man extra ein ganzes Buch darüber schreiben könnte. Was glauben sie, ist notwendig, um, zum Beispiel, ein Laden zum Verkauf von verpackten Produkten zu eröffnen? Sagen wir mal, Kaffee. Glauben Sie, Ihre Hauptaufgabe besteht darin, den Wettbewerbsvorteil Ihres Ladens und den allgemeinen Wettbewerbsumfeld kennenzulernen? Oder vielleicht eine effizienten Marketing-Strategie zu entwickeln? Nein, nein und nochmals Nein! Das spielt überhaupt keine Rolle. Denn wenn sie sich nur auf das oben genannte konzentrieren, werden sie nie ein Geschäft in der Ukraine aufmachen können. Weil es nicht ausreicht, alle offiziellen Unterlagen zu haben, die offizielle Miete zu zahlen und die Waren beim offiziellen Lieferanten unter offiziellen Dokumenten zu kaufen. Das Wichtigste, was zu tun wäre, ist die Arbeitsberechtigung bei zwei einzigartigen Behörden einzuholen: beim hygienisch-epidemiologischen Dienst (HED) und Brandschutzaufsicht.

Man solle doch das Komische an der Situation einsehen: Vorausgesetzt, sie mieten eine Räumlichkeit im Bürogebäude, das bei seiner Inbetriebnahme bereits von einer Kommission, bestehend aus Beamten aus verschiedenen Ebenen und Behörden, einschließlich Vertretern von HED und Brandschutzaufsicht, inspiziert wurde. ABER: Das spielt keine Rolle. Sie haben eine Räumlichkeit gemietet, also müssen sie von neuen mit HED und Brandschutzaufsicht kommunizieren. Die Frage, warum jedes einzelne Geschäft eine Genehmigung von diesen Behörden zu erhalten hat, sofern bereits eine Genehmigung für das ganze Gebäude vorliegt, kann sehr eindeutig beantwortet werden: das System ist so aufgebaut, dass der Unternehmer bei jedem seinen Schritt Bestechungsgelder zahlen muss. Somit ist es nicht erstaunlich, dass das Wort „Bestechung" das beliebteste Wort bei den Businessleuten ist, sobald sie versuchen, in unserem Land ein Problem zu lösen oder ein Dokument bei den staatlichen Behörden zu erhalten.

Aber gehen wir doch Schritt für Schritt. HED. Hygienisch-epidemiologischer Dienst. Sobald du dort hereinspazierst, verstehst du, dass du entweder deinen Laden nie aufmachen wirst oder aber du gibst jedem Mitarbeiter die genannte Geldsumme, um deine Fragen sehr schnell lösen zu können. Was die Mitarbeiter überdies noch tun, außer Geschäftsleute auszurauben, ist mir nicht bekannt. Kinder werden in Schulkantinen vergiftet, aber niemanden interessiert das. Wenn die Mütter sich darüber zu beschweren versuchen, wird ihnen direkt gesagt: „Brauchen sie das? Das ist nicht eure Sache!"

Aber kommen wir doch zurück zu der Eröffnung des Ladens. Damit dein Geschäft solide und formal aussieht, wirst du aufgefordert, eine Vielzahl von Unterlagen zu bringen, nämlich - Vertrag, Zertifikat über die Registrierung, alle Arten von Bescheinigungen und Anträgen etc. Am Ende wird man euch einige Rechnungen auf „schöne" Sümmchen ausschreiben, um nach deren Bezahlung die „sogenannte" Begutachtung der Räumlichkeiten durchzuführen. Zum Beispiel, wurde bei uns – im Laden, wo wir verpackte Produktion verkaufen – das Wasser untersucht. Dabei gab es in unseren Räumlichkeiten überhaupt keinen Wasseranschluss, Wasser gab es nur auf der Toilette außerhalb des Ladens.

Und alle diese Dummheiten verblassen sich auf dem Hintergrund des Verhältnisses, das in allen diesen Organisationen zu den Geschäftsleuten demonstriert wird. Ich führe ein Beispiel aus meinem eigenen Leben an:

- Das ist Inga Ivanovna aus der Anstalt für Hygiene und Epidemieverhütung. Sind Sie jetzt im Hause?

- Nein, aber ich kann kommen.

- Warum Sind Sie nicht im Hause, wir vereinbarten ja uns über das Treffen um 10 Uhr? (sie ruft um 11 Uhr an).

Es ist sinnlos zu beweisen, daß wir uns vereinbart haben, sich telefonisch in Verbindung zu setzen und nur nach 12 Uhr, weil sie auf 10 Uhr ein Treffen an einem anderen Ort bestimmt hat. Ich bestätige, das ich in 10 Minuten an Ort und Stelle sein werde, und gehe schnell in das noch nicht arbeitende Geschäft. Ein wichtiges Moment in dieser Geschichte besteht darin, daß die Organisation, in der sie arbeitet, in derselben Straße in einer Entfernung von 100 Metern von meinem Geschäft liegt.

Also bin ich schon gekommen. Es vergehen 20 Minuten aber Inga Ivanovna erscheint nicht. Ich wähle ihre Rufnummer noch einmal. Niemand meldet sich. Ich rufe innerhalb von 10 Minuten noch einige Male an. Endlich nimmt sie den Hörer ab. Ich versuche höflich zu sein und erinnere, daß ich schon an Ort und Stelle bin und auf sie warte.

- Ja, ja, - antwortet Inga Ivanovna. - Ich trete schon heraus.

Es vergehen noch 20 Minuten. Ich beginne sie wieder anzurufen, aber niemand meldet sich. Nach 10 Minuten ruft man mich von diesem Rufnummer aus an und schon eine andere Frau beginnt sich nach genauer Adresse meines Geschäfts zu erkundigen, weil Inga Ivanovna uns nicht finden könne. Ich versuche zu erklären, daß man einfach geradeaus gehen soll und ich treffe sie, aber die Frau fordert hartnäckig die Adresse, die ich ihr letzten Endes einige Male diktiere.

Es vergehen noch 20 Minuten. Niemand erscheint. Ich beginne wieder anzurufen. Ich möchte bemerken, daß ich für diese Zeit natürlich andere Angelegenheiten geplant hatte, die ich aufzuheben oder aufzuschieben hatte. Das Telefon antwortet nicht. Nach 10 Minuten erfolgloser Versuche schließe ich das Geschäft zu und gehe weg. Am Abend habe ich telefonisch Inga Ivanovna erreicht, und was höre ich zur Antwort:

- Ich war so böse auf Sie, ich habe den ganzen Bezirk umgelaufen, weil Sie mir nicht richtige Adresse gegeben haben, und nur auf dem Rückweg konnte ich Sie finden.

Auf meine Frage, wie wir die Prüfung ableisten können, erhielt ich zur Antwort:

- Gleich frage ich bei den Mädchen, ob sie morgen Wasser für die Prüfung nehmen.

Ich warte. Nach einer Minute der Verhandlungen mit den "Mädchen" teilt man mir mit, daß sich die Mädchen morgen mit der Wasseranalyse nicht beschäftigen wollen. Es ist ja morgen der Freitag und ich muß es verstehen. Noch einmal frage ich, wann man die Prüfung machen kann. Nach langem Schweigen willigt Inga Ivanovna ein, am Montag zu kommen.

Und was geschieht am Montag? Für die Prüfung von Wasser, das nicht in unserem Office fließt, drehen wir den Hahn für 15 Minuten auf. Da findet folgender Dialog zwischen den Gebäudeinhabern und Inga Ivanovna statt:

- Drehen Sie bitte das Wasser zu, wir bezahlen es nach dem Wasserzähler.

- Für mich ist es notwendig, daß Wasser innehalb von 15 Minuten fließt. Das Wasser kann abgestanden sein, und ihr vergiftet damit die Menschen (Das Gebäude ist 2 Jahre alt und die Räume sind für Offices bestimmt).

- Unter anderem haben wir schon bei Ihnen Wasser geprüft. Diese Analyse ist noch ein halbes Jahr gültig.

Es ist gut, wenn sie gültig ist. Das ist aber nicht Ihre Analyse. Und dieses Geschäft wird jetzt eröffnet und es muß seine Wasseranalyse haben. Sie haben sie schon bezahlt. Nach 15 Minuten füllt Inga Ivanovna mit Wasser zwei kleine Kolben und prüft im Geschäft mit einem vorrevolutionären Gerät die Höhe der Beleuchtungsstärke. Natürlich findet sie bei uns die Normabweichungen, der UdSSR-Zeiten. Aber dank Geschenken wird dieses Problem schnell gelöst und zu uns werden keine Sanktionen angewendet.

Das Thema der Geschenke und Bestechungsgelder ist eigentlich die Basis beliebigen Geschäfts in der Ukraine. Jede beliebige Frage kann man lösen, indem man das Bestechungsgeld dem nötigen Mann gibt oder das richtige Geschenk macht (wider dem richtigen Mann). Es gibt nichts, was für das Bestechungsgeld über nötige Leute oder für ein sehr großes Bestechungsgeld nicht kaufen kann.

Angenommen, daß Sie mutig alle Hindernisse bewältigt und alle nötigen Dokumente erhalten haben, die Ihnen erlauben, die Arbeit Ihres Geschäfts zu beginnen. Und da erinnern Sie sich, daß man noch Aushängeschild zu machen ist. Das ist zweifellos nötig. Sie brauchen sich aber über das

Design und den Wert Ihres Aushängeschilds nicht aufzuregen. Die Hauptfrage, die Sie zu lösen haben, besteht darin, ob Sie die Erlaubnis für dieses Schild erhalten oder nicht erhalten werden. Wie wird das gewönlich in der Ukraine gemacht - Sie hängen das Aushängeschild und warten, bis die Kontrolle kommt. Danach geben Sie dem Vertreter des kontrollierenden Organs das Bestechungsgeld wegen der Durchbrechung eines Gesetzes über Werbungsträger oder eines anderen Gesetzes (das hat überhaupt nichts zu bedeuten) und dann nachträglich werden Sie nötige Erlaubnis erhalten. Für die Prozeßbeschleinigung werden Sie wieder allen die Bestechungsgelder ausgeben. Oder Sie schieben die Eröffnung des Geschäfts wider auf. Sie verlieren dabei Geld und Zeit, besuchen verschiedene Instanzen, um ob etwas im Einklang mit der Gesetzgebung zu machen. Und wenn Sie schon nicht das erstemal am Rande der Hysterie wegen der Erfolglosigkein aller ihrer Handlungen sind, findet sich irgendein mitleidiger Mitarbeiter, der für das nächstfolgende Bestechungsgeld schnell alle ihre Fragen löst. Und glauben Sie mir, Sie werden sich daran mit Dankbarkeit erinnern, weil ihr Bestechungsgeld Ihnen realen Nutzen bringen wird. Wie es auch traurig klingt.

Können Sie die Urkunde des Mehrwertsteuerzahlers nicht erhalten? (Warum wird sie Ihnen nicht erteilt, ist eine Sonderfrage. Und die Antwort darauf wird dieselbe sein - daß du die Steuern von deiner Geschäftstätigkeit zum Haushalt zahlen wirst, reicht nicht aus. Für dieses Recht hat du noch die Tasche des Beamten um nötigen Betrag aufzufüllen.) Die Urkunde können Sie auch kaufen, wenn Sie einen richtigen Mann finden. Und das ist zum Lachen übertrieben. Du kommst zur Audienz zum Leiter in der Steuerinspektion. Er sieht dir in Augen und sagt:

- Die Urkunde des Mehrwertsteuerzahlers wird jetzt niemandem erteilt! Versuchen Sie nicht, sie zu erhalten.

Nach einer Woche findest du eine Zwischenhändlergesellschaft, gibst ihr 4 Tsd. Dollar, sie finden den nötigen Adressat. Und noch nach einer Woche,   im Amtszimmer desselben Leiters derrselbe Mann, dir ehrlich in die Augen sehend, holt aus dem Safe die Urkunde und händigt sie dir aus.

Ist zu ihnen je die ukrainische Steuerinspektion gekommen, um Ihr Unternehmen zu prüfen. Ich hoffe, nicht. Glauben Sie, daß sie vor den Leuten Achtung haben, deren Zahlungen den Haushalt auffüllen und ihnen erlauben, rechtzeitig ihren Gehalz zu bekommen? Gar nicht. Da ist ein Beispiel aus realem Leben. Zur Prüfung einer ausländiachen Vertretung kommen ein Inspektor und einige seine Helfer. Richten Sie Ihre Aufmerksamkeit darauf, daß das eine gewöhnliche planmäßige Prüfung eines gewöhnlichen ukrainischen Unternehmens ist. Die Vertreter der Steuerinspektion, ohne darauf zu achten, daß sie den normalen Arbeitsrhythmus des Betriebes stören, versuchen zu erzielen, daß man ihnen für Durchführung der Prüfung einige Arbeitsplätze bereitstellt. Im Ergebnis der langwierigen Debatte gehen sie mit Zähneknirschen auf einen Tisch ein. Es ist ihnen egal, wo und wie der Mitarbeiter arbeiten wird, dessen Platz sie für einige Wochen besetzt haben. Nach einiger Zeit findet folgender Dialog statt:

- Möchten Sie Tee? - fragt der Buchhalter einen Steuerinspektor.

- Ich möchte sowie Tee, als auch Mittagessen - antwortet der Steuerinspektor. Darunter versteht er, daß auch das Mittagessen durch den Unternehmensleiter bezahlt werden wird.

Die Furcht. Das ist das Gefühl, welche sie versuchen, mit allen Kräften einzuflößen. Es sieht danach aus, daß es ihnen erfolgreich gelingt. Die Anzahl von Abgaben und Bestechungsgeldern ist in den letzten Jahren auf das Mehrfache gestiegen, und die Leute dulden. Zu ihnen kommt man mit den planmäßigen und nichtplanmäßigen Prüfungen, um nur noch größeres Schmiergeld unverständlich wofür zu bekommen, und die Leute dulden weiter.

Entweder haben sie keinen Stolz, oder herrscht in der ukrainischen Gesellschaft solche Getrenntheit, daß niemand an die Möglichkeit der Wandlungen glaubt.

Zu meinem größten Erstaunen suchte ich sogar die Menschen nicht, die mir über ihr Geschäft erzählen könnten. All diese Geschichten   sind die Geschichten über einfache Leute, die in der Ukraine leben und zu arbeiten versuchen. Glauben Sie mir, hätte ich die Befragung von mindestens hundert Personen durchgeführt, so würden ihre Geschichten über unser Leben für einige schwere Bände ausreichen.

Das Jahr 2000. Das Gespräch mit einem Mitarbeiter einer Zollabfertigungsstelle in einem nicht offiziellen Rahmen. Er beklagt sich über sein Familienleben, daß die Frau seine Sorgen nicht schätzt. Der Monolog klingt folgendermaßen:

- Sie ist einfach undankbar!!! Jeden Tag komme ich von der Arbeit mit einem Geschenk für sie! Sie hat alle Parfüms, die über unsere Grenze eingeführt wurden! Alle Schönheitsmittel, alles steht bei ihr auf kleinen Regalen. Die Wohnung habe gekauft, freilich eine kleine, nur zwei Zimmer. Aber ich habe gekauft und dort Eurorenovierung gemacht. Nach Hause bringe ich nach meiner Schicht mindestens 600 Dollart. Ich verstehe natürlich, daß ich sie früher besser versorgte - früher waren für mich sogar 1000 Dollar je Schicht ein kleiner Verdienst. Sie muß ja verstehen, daß jetzt alle gegen Korruption kämpfen und wir müssen vorsichtig sein. 600 Dollar sind auch das Geld!

- Ich kenne seine Frau nicht. Ich kann aber rechnen. Ich verstehe, daß er diese 600 Dollar von jenen erhält, die sich in der Ukraine versuchen, ein Geschäft zu betreiben. Und im Monat erhält er mindestens 6000 (6 tausend!!!) Dollar. Und das ist ein EINFACHER MITARBEITER EINER ZOLLABFERTIGUNGSSTELLE. Und sogar kein Schichtleiter!!! Ich kann ihnen sagen, wie hoch in jenen Jahren der minimale Arbeitslohn war. Er betrug von 90 Hrywnja (etwa 16,5 Dollar zum Kurs jenes Jahres) Anfang 2000 bis 118 Hrywnja Ende desselben Jahres. Und noch die Minimalrente, die sich nicht sehr von Minimallohn unterscheidet. Es waren auch die Lönhe von Lehrern und Ärzten. Davon wollen wir nicht sprechen. Es ist auch so selbstverständlich.

Am Anfang meines Businessweges kannte ich ein Mädchen, das die Besitzerin eines Bildkassettenladens war. Ich sehe schon euer skeptiches Lächeln, das ist schon lange her, sagt ihr! Glaubt mir, das war nicht lange her, in den Jahren 2004-2005. Damals waren die Bildkassetten in der Ukraine überall verbreitet und nur ein wenig später, seit 2006 wurden sie innerhalb einer sehr kurzen

Zeit von den DVD-Disken und ein wenig später von den Blu-rey-Disken verdrängt. Es handelt sich aber nicht darüber, sondern wie immer über die Doppelstandards unseres Staates. Als sie dieses Geschäft eröffnete, mußte sie mit der Anstalt für Hygiene und Epidemieverhütung verkehren. Ich erinnere mich sehr gut daran, daß auf sie beim Erhalt des nötigen Papiers (anders kann man dieses Dokument nicht nennen) einen großen Eindruck der Kontrast gemacht hat. Das war der Kontrast zwischen dem alten Raum und den mit allen Wassern gewaschenen Möbel und zwischen der Gepflegtheit und dem Wohlgeruch der Mitarbeiter, die eine Genehmigung zum Anfang der Arbeit erteilten. Das ist das Gelage während der Pest auf Ukrainisch. Die Frage wurde schnell gelöst - 350 Hrywnja für die Genehmigung selbst und 250 Hrywnja dem Leiter (dafür, daß der Leiter dieses Dokument unterschreibt). Eine Kleinigkeit von 100 $ und Problem ist gelöst. Natürlich konnte man auch nicht zahlen. Meine Freundin aber sagte dazu - "das ist vorgefaßte Meinung. Wenn du nicht zahlst, wirst du sehr viel Zeit vertrödeln, um die dafür absichtlich ausgedachten Papiere zu sammeln, sammeln und nochmals sammeln. Und wenn du eine Familie, Kinder, ein Geschäft, Träume und letzten Endes Verpflichtungen hast, wirst du kommen und zahlen, weil man weiter vorankommen muß. Anders geht es nicht"

Als ich mit der Anstalt für Hygiene und Epidemieverhütung in Verbindung stand, war ich Üeuge des Gesprächs einer der Mitarbeiterinnen mit einem Verbreiter von Damenparfüms. Diese Mitarbeiterin kannte die Frage so tief, daß sie imstande war, als Beraterin im Parfümeriegeschäft zu srbeiten. Sie hat ehrlich eingestanden, daß sie schon alle populären Parfüms ausprobiert hat. Sie verstehen doch, man schenkt und schenkt ihr. Und sie interessieren nur die Neuheiten.

Nach Rückkehr zu meiner Bekannten möchte ich hinzufügen, daß sie bei der Eröffnung des Geschäfts die optimistischen Absichten hatte, ausschließlich ehrlich zu arbeiten und letzten Endes allen zu beweisen, daß es möglich ist. Auf der Woge von solchen Stimmungen hat sie schnell eine Gesellschaft gefunden, die offizielle Bildkassetten mit Übersetzungen produzierte und verkaufte. Der Vertrag und darauffolgende Verkäufe wurden mit allen notwendigen Dokumenten begleitet. Sie verstand aber sehr schnell, daß es nicht ausreicht - das Sortiment ist spärlich, es ergänzte sich so langsam, daß es unmöglich war, sogar einmal in der Woche einen großen Kauf von neuen Videokassetten zu machen. Die Kunden, die sich urspründlich über das Erscheinen ihres Ladens froh waren, begannen zu fragen: "wann werden Sie etwas neues haben", "und warum ist Ihr Sortiment so kärglich" usw. Darüber konnte man auch nicht schreiben, wenn in allernächster Nähe der berühmte Kiewer Markt "Petrovka" nicht existierte. Hier wurden und werden Piratenkopien von neueren und neusten Filmen verkauft. Die, die keine Lust haben, ins Kino zu gehen, können hier immer eine Kopie des eben erst angelaufenen Films finden. Außerdem kann man die gekaufte Kassette (und jetzt auch die Magnetplatte) nach der Vorführung beim Verkäufer zum wenigeren Preis gegen die nächste Magnetplatte austauschen. Und natürlich kosteten und kosten die Piratenkopien billiger als Originalaufnahmen. Und was erhilt in Ergebnis der Kunde, indem er in den Laden kam? Ein spärliches Sortiment von vorjährigen Filmen zum überhöhten Wert. Und in nächster Nähe (in einer Entfernung von einer Metrostation) herrscht Überfluß: Neuheiten, Klassik, nichtstandartisierte Genres zu den absolut annehmbaren Preisen. Und zu wem sind die Milizmänner mit der Prüfung gekommen? Auf den berühmten Markt "Petrovka", wo das Verhältnis von lizenziertem Video zum Piratenvideo 1/100 ausmachte? Die Antwort ist nicht richtig.

Hier ist die Erzählung von Tanya über diese Prüfung.

"Da die ehrliche Organisation von Business den Milizionären verdächtig schien, so haben sie beschlossen, nicht nur die Rechtmäßigkeit des Sortiments, sondern auch alle statuarischen Dokumente und andere Aspekte, bis zu Kontoauszügen zu prüfen. Und ich wegen meiner Unerfahrenheit habe nicht gewußt, daß es unrechtmäßig ist. Dabei hat ihnen alles, absolut alles nicht gefallen. Daß ein Mitarbeiter, der bei mir arbeitet, nach allen Regeln eingestellt ist. Daß die Marken auf alle Kassetten geklebt sind. Und überhaupt mein ganzes Gewerbe genoß bei ihnen kein Vertrauen. Ich, ehrlich gesagt, war dazu nicht bereit. Im Moment war ich am meisten einem erschrockenen Schäfchen ahnlich, zu dem die Wölfe kamen, und armes Schäfchen hat keinen Ausweg. Ich hielt mich aber nicht und fragte, warum gehen sie nicht mit der Prüfung auf den Markt "Petrovka"? Vor sich hin lachend, sagten sie, daß sie Petrovka auch geprüft hatten. Auf meine nächste Frage, warum Petrovka bis jetzt arbeitet, beschlossen sie nicht zu antworten. Und wozu? Auf diesem Markt wurde jeden Tag eine Miliz-Kontrollaktion durchgeführt. Nachdem dieAbgaben eingezogen worden waren, gingen die Milizionäre weg. Während dieser Kontrollaktion wurde niemand geschlossen: die tägliche zusätzliche Gehaltszulage gefällt ja allen sehr. Und daß sie gesetzwidrig ist, wen wundert es in der Ukraine?"

Aber ohne sich den Erinnerungen hinzugeben, kann man verschiedene Emotionen empfinden. In der ersten Linie hängt das vom Endergebnis der vorigen Ereignisse ab. Ich möchte eine vernünftige Frage stellen: und wie geschiht es heute? Was hat sich innerhalb von 8 Jahren in den Wechselbeziehungen zwischen den Unternehmern und Machtorganen verändert. Wenn Sie mich fragen, so bekommen Sie folgende Antwort: zum Besten hat sich nichts verändert. Zum Schlechtesten - vieles. Hier ist ein frisches Beispiel aus meiner eigenen Praxis.

Der Sommer 2011. Ich miete ein kleines Office für die Vertretung einer Reiseagentur. Um Differenzen bei der Situationseinschätzung zu vermeiden, will ich sehr genau sein. Das kleine Office stellte einen Raum mit einer Fläche von 7,5 m^2 dar. Im Office standen 2 Tische, 3 Stühle, ein Schrank, ein Fax, ein Mehrfunktionsdrucker, mein persönliches Notebook und eine Flasche mit 20 Liter Trinkwasser. Jetzt stellt euch folgendes Bild vor. In diesen Raum, in dem mit Mühe kaum zwei Menschen Platz finden können, treten 4 Männer ein, die die Alltagskleidung anhaben. Sie stecken mir vor die Nase für einige Sekunden einen Dienstausweis und teilen mit harten Stimmen mit, daß sie Vertreter der Organisation für Bekämpfung der Wirtschaftsverbrechen seien, danach höre ich folgendes:

- Also, Fräulein, wir haben über Sie ein Signal erhalten, rufen Sie den Direktor oder eine andere verantwortliche Person, wir werden eine Prüfung durchführen.

- Ich bin Direktor, teilen Sie mir den Grund der Prüfung mit, - versuche ich ruhig zu antworten.

- Wir haben ja Ihnen gesagt, wir haben über Sie ein Signal erhalten.

- Ich habe Sie gehört. Was bedeutet "Sie haben ein Signal erhalten"?

- Wir haben Angaben, daß Sie unrechtmäßig diesen Raum besetzen. Geben Sie schon Dokumente.

Passen Sie auf, es handelt sich hier über keine Achtung vor mir nicht nur als vor dem Unternehmer, sondern auch als vor dem Bürger dieses Wunderstaates unter dem Namen die "Ukraine". Der Hauptwunsch dieser Leute ist, wie vor 50, 20, 19 oder 8 Jahren, der Wunsch, einzuschüchtern. Beiläufig gesagt, das ist einer der Gründe, warum sie nie einzeln kommen. Wenn man sogar in der Ukraine lebt, ist es schwer, sich vorzustellen, daß ein Unternehmer, noch mehr, ein Kleinunternehmer, bei der Durführung der Prüfung Widerstand leisten wird. Nein, sie versuchen von Anfang an einen psychologischen Druck auszuüben. Und wenn es sogar keine Gründe gibt, grob zu sein, muß man sofort moralisch mit der Anzahl von Kontrollierenden unterdrücken.

Kehren wir aber zum Besuch von ehrwürdigen Vertretern der Organisation für Bekämpfung der Wirtschaftsverbrechen. Ich hole eine Ablagemappe mit Dokumenten. In der Mappe befinden sich ein offizieler Mietvertrag, meine Statutendokumente, bankmäßige Sicherheit, vollständig abgefaßte und unterschriebene Verträge mit Touristenoperatoren, mit denen ich arbeite. Das reicht natürlich nicht aus.

- Haben Sie eine Genehmigung von Brandschutzinspektion?

Ich versuche zu erklären, daß dieses Haus offiziel dem Betrieb übergeben und in Betrieb genommen ist, daß alle Räume im Erdgeschoß des Gebäudes zum Nichtwohnraumbestand gehören und daher ich keine Genehmigung von der Brandschutzinspektion brauche. Hat das aber irgendwelche Bedeutung? Ich bin ja Unternehmer und bei mir muß man etwas nicht richtig sein und sie müssen von der Prüfung unbedingt ein Realergebnis haben. Und da findet noch ein Dialog statt:

- Sie arbeiten hier absolut! (denken Sie sich nur hinein!) ungesetzlich! - behaupten die Vertreter der Organisation für Bekämpfung der Wirtschaftsverbrechen.

- Warum ungesetzlich, wenn ich alle Dokumente habe?

- Sie haben keine Genehmigung von der Brandschutzinspektion, sie wird sie Ihnen nicht geben, weil sie keine Feuermeldeanlage haben.

- Soweit ich weiß, braucht man die Feuermeldeanlage in den Räumen mit einer Fläche von $25\ m^2$ und mehr.

- Nein, Sie kennen die neue Gesetze nicht. Aber wissen Sie, daß wir gerade jetzt ihren Raum einfach versiegeln und Sie überhaupt nicht mehr arbeiten können?!

Der Sinn der neuen Richtung im Gespräch ist mir verständlich - entweder gibst du das Bestechungsgeld, oder wirst du große Probleme haben, und da halte ich mich nicht:

- Junge Leute, über das Geld, welches ich als Miete für diesen Raum zahle, werde ich mit ihnen nicht streiten. Ich nehme gleich mein Notebook und meine Officetechnik weg und sie können dieses Zimmer meinetwegen jeden Tag versiegeln. Ihr könnt sogar Ritualtänze neben dieser Tür tanzen. Es ist mir egal.

Und jetzt schätzen Sie folgende Handlungen der Vertreter von Machtorganen ein: - Ist das ihr persönliches Notebook? - fragt plötzlich einer von ihnen.

- Ja.

- Und wollen wir es auf Rechtsmäßigkeit von dem in ihm eigestellten Software prüfen.

Das Lachen kommt mich an, weil mir ein bißchen die Prozeßordnung der Ukraine bekannt ist. Sie schätzen aber meine Heiterkeit nicht richtig ein und fragen ein wenig hochmutig:

- Warum lachen Sie? Wissen Sie, welche Strafe für nichtlizenziertes Software vorgesehen ist?

- Nein, ich weis nicht, - antworte ich. - Also prüfen wir, - sagt einer von ihnen. Der andere stößt ihn unter die Hand und sagt leise:

- Das brauchen wir nicht, - und in diesem Moment frage ich sie:

-Habt ihr einen Befehl für Personendurchsuchung?

Das war das einzige Mal in meinem Leben, als ich ein wenig verlegenes Gesicht bei einem Vertreter der Staatsorgane gesehen habe. Aber ganz egal, sie wurden mehr mißmutig, als verwirrt. Und sie haben beschlossen, mir das Leben zu verderben. Unter dem Vorwand, daß sie vor dem Leiter Bericht erstatten müssen, haben sie mich gezwungen, diesen Raum zu verlassen und alle Aufkleber an Fenstern zu entfernen. Meiner Meinung nach hatten sie Bericht folgendermaßen zu erstatten: wenn im Raum jemand war, mußten sie von dort das Bestechungsgeld bringen, um es mit ihrem Leiter zu teilen, und der Unternehmer erhielt einige Zeit, um noch irgendwelche Dokumente auszufertigen oder nicht auszufertigen. Da ich ihnen kein Geld gegeben hatte, mußten sie berichten, daß sie einen Besuch an die im Signal angegebenen Adresse gemacht hatten. Der Raum war geschlossen und sie haben dort keine Touristenfirma gefunden. Das ist alles.

Noch ein Paar Worte zu diesem Thema. Wegen meiner angeborener Ehrlichkeit und des Vorhandenseins der Erziehung berühren mich solche Prüfzngen schmerzlich. Und am nächsten Tag, auf Wiederherstellung der Gerechtigkeit hoffend, ging ich aufklären, was für ein Signal es war es, von wem er kam und warum man zu mir so schnell mit der Prüfung kam.

Was habe ich geklärt? Daß an jenem für mein Gewerbe in der Ukraine letzten Tag erhiel die Miliz einen anonymen (!) Anruf darüber, daß ich unrechtmäßig meine Tätigkeit an der angegebenen Adresse führe. Mit anderen Worten, daß sich unser Land nach wie vor irgendwo im Jahre 1937 befinde und eine beliebige anonyme Anzeige reiche, daß man dich verhaftet und du aller Wahrscheinlichkeit nach nie nach Hause zurückkehrst.

Beiläufig gesagt, wenn jemand von unseren Lesern das alles prüfen will, wird das kein Problem sein. Alle diese Dokumente habe ich noch. Und ihr könnt die Daten auf diesen Papieren prüfen, um zu verstehen: das, was als unmöglich surrealistischer und vollig ausgedachter Alpdruck scheint, ist in Wirklichkeit in unserem Land das Alltagsleben. Ich schreibe dieses Buch und lese es ständig von neuem. Und selbst ich glaube machmal daran nicht, daß man so leben kann. Real haben wir uns schon lange her in eine Herde von Hammeln verwandelt, auf die man nicht einfach keine Rücksicht nimmt, wir gelten überhaupt als Leute nicht. Und wird dulden das und warten auf etwas weiter. Vor kurzem erschien in der Ukraine ein guter Witz zu diesem Thema: "Am 28. Oktober (Tag der Wahlen) startet in der Ukraine ordentliche Runde der Meisterschaft im Lauf auf Harken".

Es scheint manchmal, daß die Bewohner der Ukraine an sadistisch-masochistischen Neugungen leiden. Die Unternehmer leben im Grunde genommen schon einige Jahre (in Wiklichkeit schon einige Jahrzente, einfach war in der Ära von Yuschenko eine kleine Pause) im Zustand der Prüfung. Planmäßiger, außerplanmäßiger, das spielt keine Rolle. Wichtig ist, daß in unserem Land, wie du auch Steuern zahlst und wie du auch Buchhaltung führst, gibt es keine richtige Variante. Denn der Steuerbevollmächtige ist nicht berechtigt, die Steuerkontrolle ohne Geldstrafenberechnung durchzuführen. Und du bist immer dem Staat gegenüber schuldig. Aber der Steuerbevollmächtigte ist dafür berechtigt, dir ein Geschenk zu machen. Wie zum Beispiel ein Geschenk meinem Bruder gemacht wurde. Man hat eine Prüfung durchgeführt, eine Strafe in höhe von 150.000 Hrywnja berechnet. Und dann hat der Steuerprüfer ihm im vertraulichen Gespräch gesagt: Werden Sie nicht mißmutig, nicht alles ist so schlecht. Wir können die Höhe Ihrer Strafe verringern, wenn Sie bar zahlen. Auf 100.000 Hrywnja.

Aus alledem komme ich zum Schluß, daß sie nicht vorhatten, dieses Geld sowieso im Budget zu lassen, d. h. sie wollten es ihnen aneignen. Und diese 50 Tsd mußte man jedenfalls für verschiedene zusätzliche Dienstleistungen oder Maßnahmen ausgeben. Und zum Dank für das Fehlen von zusätzlichen Problemen sind sie bereit, die berechneten fiskalischen Zahlungen zu verringern.

Milizmänner

Jevropejskaja Plošad (Der Europäische Platz). Nach der Kurve sind auf der Straße 4 vier Spuren, zwei linke auf die Kurve, zwei rechte direkt, eine von denen den ganzen Tag hindurch mit den geparkten Autos besetzt ist. Die Spur für die Fahrt direkt ist immer im Zustand der Stauung. Deshalb verletzen mindestens 30% Autos die Straßenverkehrsordnung. Ich bin auch eine von denen, die direkt auf der Spur fährt- die für die Wendung bestimmt ist. Da werde ich gleich von einem Angehörigen der Staatlichen Kraftfahrzeuginspektion angehalten, einem gewissen Sergeant Petrenko mit einem zufriedenen satten Gesicht und einem ansehnlichen Bauch:

- Sie beachten die Reihenordnung nicht!
Ich frage zur Antwort:

- Wie kann ich sie beachten, wenn eine Spur völlig mit den geparkten Autos besetzt ist?

- Die besetzte Spur, Fräulein, stört Sie nicht- die Reihenfolge zu beachten. Und übrigens wollen wir nicht streiten, weil ich wegen solcher Verkehrsübertretungen seit Morgen 2 Unfälle protokolliert habe. Und dazu waren es solche unangenehme Fräuleins, daß mir es kaum gelungen war, bei ihnen die Protokolle zu unterschreiben.

Ich streite nicht. Ich gebe still zu, daß ich schuldig bin, wirklich die Straßenverkehrsordnung verletzt habe. Ich will aber das Protokoll nicht ausfertigen lassen und schlage ihm vor, gütlich auseinanderzugehen. Ich reiche ihm 20 Hrywnja zu. Er schlägt mein Fahrerlaubnis zu und sicht mich mißtrauisch an. Ich sehe ihn unverständlich zur Antwort an. Die Pause zieht sich in die Länge, dann fragt er nochmals:

- Fräulein, was ist das?

- Wie, bitte? Das sind 20 Hrywnja.

- Das ist ein Plastglas, - antworter der Inspektor.

Jetzt verstehe ich nicht, was los ist. Ich widerhole stumpf dem Insperor folgend:

-Plastglas?

-Ja, - antwortet Inspektor unzufrieden, - das ist ein Plastglas. Und wo ist das Geld für meinen Kaffee?

Erst jetzt verstehe ich, daß ich ihm als Bestechung zu wenig Geld gegeben habe. Und er, absolut ernst, ohne irgendwelche Gewissensbisse verlangt, die Höhe von Bestechungsgeld zu steigern. Ich hole aus der Tasche noch 10 Hrywnja und gebe sie dem Inspektor. Ich versuche dabei zu verstehen, was ich machen soll, wenn es für ihn wieder wenig erweist, da ich nicht mehr Geld mithabe. Der Inspektor bemerkt aber in diesem Moment, daß hinten noch ein solides ausländisches Auto die Reihenordnung nicht beachtet. Er gibt mir mein Fahrerlaubnis zurück und bittet mich, die Parkstelle zu befreien.

Am Abend erzählte ich lächelnd diese Geschichte meinen Freunden. Und dann fragte ich interessiert, wie können sich die Leute gar nicht schämen, das Geld zu erbitten. Das ist ja ein Unsinn. Worauf ein Freund philosophisch bemerkte:

- Unseren Staatsbeamten wird der Sinn für Gewissen und Scham bereits bei Einstellung amputiert. Sonst können sie nicht arbeiten.

Das ist eine traurige Wahrheit. Zu diesem Thema gibt es bei uns einen guten Witz, wenn ein Milizmann an einen Mann herantritt und sagt: "Sie haben ihr Auto an einer nicht festgelegten Stelle geparkt, zahlen Sie eine Geldstrafe". Der Mann antwortet: "Was für eine Strafe? Das ist überhaupt nicht mein Auto." Und der Milizmann sagt ihm zur Antwort: Ihr Auto, nicht ihr Auto, das spielt überhaupt keine Rolle, mein Sohn kann nicht warten, bis Sie das Geld verdienen, das Auto kaufen und die Straßenverkehrsordnung übertreten. Er will jetzt einen neuen Computer." Und den Milizmann, der mich wegen der Verkehrsübertretung angehalten hat, sehe ich oft an derselben Stelle. Immer möchte ich anhalten und ihm ein kostenloses Plastglas schenken. Ich beherrsche mich aber.

Gesundheitswesen

Ich will sofort sagen, daß es in der Ukraine wundervolle Ärzte mit goldenen Händen und goldenem Herz, wunderbare Fachleute gibt. Es gibt die Ärzte, zu denen ich fahren werde, wenn sie auch in einem anderen Land leben werden. Über solche Leute werde ich aber in einem anderen Kapitel erzählen. Und hier wird es sich um anderes, genauer um andere handeln.

Ein Gespräch mit einem Kinderarzt:

- Sagen Sie, was hat es zu bedeuten, wenn die Mantuimpfung vergrößert ist?

- Was bedeutet, was bedeutet… Das bedeutet, daß Mantuimpfung vergrößert ist.

Nach Mantu noch eine Geschichte. Dem schon herangewachsenen Kind wird in der Schule in der ersten Klasse die Mantureaktion gemacht. Am Anfang prüfe ich im Internet, wie oft diese Impfung zu machen ist. Es stellt sich heraus, daß nicht öfter als einmal im Jahr. Ich gehe zu den Schulärzten und frage:

- Warum habt ihr die Revakzination gemacht? Warum habt ihr den Eltern kein Dokument gegeben, wo sie ihre Unterschrift über ihre Zustimmung leisten konnten?

- Die Karte ihres Sohnes enthielt keine Information über Mantureaktion.

Wir machen die Karte auf und finden die Information über die Impfung. Ich wiederhole die Frage noch einmal. Warum habt ihr die Revakzination gemacht. Aus Versehen, antwortet man mir lieb lächelnd. Als ich berichte, daß man diese Impfung nicht mahr als einmal im Jahr machen darf, fragt man mich:

- Beklagt sich das Kind nach der Impfung?

- Nein, sage ich und versuche fortzusetzen, aber werde höflich unterbrochen:

- Da sehen Sie, alles ist in Ordnung, worüber sprechen wir dann?

Wirklich worüber? Vielleicht über Rechlosigkeit der ukrainischen Bürger und Patienten? Oder vielleicht über die Verantwortungslosigkeit des medizinischen Heilpersonals auf verschiedenen Ebenen? Oder vielleicht darüber, daß alle auf alles pfeifen? Dabei sollen Sie berücksichtigen, daß meine Kinder eine sehr gute Schule besuchen, wo solche Fälle auf ein Mindestmaß herabgedrückt sind. Und wenn wir beginnen zu sprechen, nicht nur über die Schulen und nicht nur in der Hauptstadt der Ukraine? Viele Bekannten führen überhaupt die Kinder zu den Ärzten nicht, weil sie nicht wissen, wie sie auf folgende Fragen antworten sollen:

- Mutti, die Ärztin hat in der Karte geschrieben, daß mein Bauch weich ist. Sie hat mich überhaupt nicht berührt, wir erfuhr sie das?

Das weite Jahr 1995. In der Schwangerschaftsperiode wurde ich ins Krankenhaus gelegt. Wir mußten das auch über irgendwelche Bekannten zu machen, aber es handelt sich jetzt nicht darum. Nach einigen Tagen ruft man meinen Mann an und bittet ihn, zu meinem Arzt zu kommen. In Aufregung über mich und künftiges Kind kommt er schnell und geht sofort ins Arztzimmer. Er sagt guten Tag und und fragt:

- Wie geht es meiner Frau?

- Der Arzt aber antwortet ihm darauf:

Ich erzähle Ihnen zuerst, wem Sie jetzt das Geld zahlen müssen, und dann werden wir über Gesundheit sprechen. Gott sei Dank, ich verließ dieses Krankenhaus und habe mein Kind an einem anderen Ort geboren.

Noch eine Schwangerschaft in der Ukraine. Das nahe Jahr 2008. Für Erledigung von Formalitäten für Unterbringung ins Entbindungsheim muß man eine Austauschkarte haben. In dieser Karte sind die ganze Schwangerschaftsgeschichte, Ergebnisse aller Analysen und Untersuchungen der Fachärzte enthalten. Die Untersuchungen sind das Thema für ein Sondergespräch. Natürlich befinden sich alle Fachärzte in einer gesonderten Poliklinik und die Sprechstunden bei allen Fachärzten sind an verschiedenen Tagen. Wenn ein Tag zusammenfällt, so fällt die Zeit nicht zusammen. Manchmal entsteht der Eindruck erweckt, daß die Arbeit der Ärzte absichtlich so geplant wird, damit es für die Patienten unbequem ist.

Am Freitag, um 17 Uhr findet die Untersuchung beim Facharzt für Neurologie statt. Um dreizig Minuten vor Sprechstunde beginnen die schwangeren Frauen aufzurücken. Am Anfang der

Sprechstunde sind wir rund 20-30 Personen. Alle schauen einander finster drei, weil niemand hierher noch einmal kommen will. Es ist aber schon verständlich, daß der Arzt auf einmal physisch alle nicht untersuchen kann. Etwa um 17.15 beginnt der Arzt die Untersuchung. Er teilt sofort mit, daß er zuerst jene Kranken untersuchen werde, die sich beim ihm schriftlich im Voraus angemeldet haben, und nur dann alle anderen. Es versteht sich, daß alle anderen die Schwangeren sind. Niemand von uns hat sich schriftlich angemeldet, weil uns gesagt wurde, daß die Schwangeren außer der Reihe untersucht werden. Die Reihe aus Frauen mit großen und kleinen Bäuchen wartet mutig darauf, womit das enden wird. Und da vergehen noch noch 40 Minuten. Es gibt jetzt keine gewönlichen Patienten. Die Tür des Arztzimmers wird weit aufgemacht und der Arzt teilt freudig mit:

- Tretet ins Zimmer je 5 Personen ein.

Wir staunen, aber teilen uns gehorsam in Gruppen je fünf Personen ein. Das Erstaunen verschwindet, als ich darinnen bin. Alle fünf setzen sich auf das Bett im Arztzimmer und der Arzt buchstäblich laufend innerhalb von drei Sekunden klopft jeder mit Hämmerchen das Knie an. Er schreibt schnell etwas mit unverständlicher Schrift in unseren Dokumenten und dann stellt an jede je zwei Fragen:

- Worüber beklagen Sie sich? - alle schütteln verneinend den Kopf.

- Haben Sie Erbkrankheiten? - wieder eine verneinende Antwort.

Blitzschnell stellt der Arzt in jedem der fünf Dokumente den Stempel "Gesund" und unterschreibt sie schwungvoll. Die Untersuchung dauerte 7 Minuten.

Und ganz vor kurzem versuchte ich den Ausweis der kinderreichen Mutter zu erhalten. Glauben Sie, das es in der Ukraine einfach ist? Ich kam an die Adresse, die mir gegeben wurde. Und schon im dritten Amtszimmer (und das ist zimlich schnell) hat man mit erklärt, daß ich den Ausweis seibst an einem ganz anderen Ort erhaltenen muß, bei meiner lieben Staatsverwaltung. Für diesen Ausweis ist gewöhnlich auch eine gesonderte Abteilung bestimmt. Und wenn ich den Ausweis erhalte, kann ich dann zurückkehren und noch irgendwelche Vergünstigungen bekommen, die ich nicht brauche. Schon gut! Ich fuhr an die andere Stelle, an andere Adresse. Im vierten oder im fünften Amtszimmet hat jemand verstanden, wohin man mich schicken muß. Ich fand das nötige Amtszimmer. An der Tür - ein kleines Schild. Publikumsverkehr zweimal in der Woche: eimal morgens und einmal abends. Womit beschäftigen sie sich in der übrigen Zeit ist unverständlich. Unter dem Schild ist die Liste der Papiere, die zu bringen sind, um den Ausweis der kinderreichen Mutter zu erhalten. Und was hat sich herausgestellt. Es hat sich herausgestellt, daß die Dokumente, die die Geburt meiner Kinder bestätigen und daß ich ihre Mutter bin, reichen nicht aus. Man muß noch eine Bescheinigung darüber bringen, daß wir alle an einem Ort (gemeint ist - in einer Wohnung) registriert sind. Und ohne diese Bescheinigung ist alles Andere überhaupt sinnlos. Und das, daß wir alle zusammen wohnen und daß ich sie ausgetragen und geboren habe, ist das alles absolut uninteressant, wenn ich solches Papier nicht habe. Und ich bin ohne es keine kinderreiche Mutter und überhaupt unverständlich wer.

Ûŝenko.

Das Wort, das ich am öftesten in den Gesprächen über Ûŝenko in der Periode seiner Präsidentschaft in der Ukraine hörte, war die "Enttäuschung." Ich erinnere mich sehr gut an den emotionellen Aufschwung, den die Ukrainer während der "orangenen Revolution" erlebt haben. Und jetzt, nachdem viel Zeit vergangen ist, wurde es verständlich, daß diesem Aufschwung zugrunde die Hoffnung war. Die Leute glaubten an schnelle und richtige Wandlungen (das Wort "Reformen" gehört zum Wortschatz einfacher Bürger nicht). Die Leute wollten gerade die Wandlungen und waren sicher, daß es ihr Leben verbessern wird. Ich glaube, daß damals viele bereit waren, zeitweilige Unbequemlichkeiten zu dulden, die teure Begkeiter beliebiger plötzlicher Änderungen sind. Aber nur dann, wenn es Hoffnung gibt, das es für dich und mit dem Gedanken an dich, an einen einfachen Bewohner der Ukraine gemacht wird. Was haben wir statt dessen bekommen? Den Sumpf ensloser Gespräche und die Streitigkeiten in der Regierung. Die Leute, für die sich das Volk auf dem Majdan (dem Platz) versammelt hatte, beschäftigten sich mit endlosen Streitigkeiten und Kriegen für zahlreiche Vergünstigungen und Güter, die von der Macht zu bekommen waren. Die Leute, die auf den Majdan kammen, erwiesen sich für niemanden nötig.

In der Ûŝenkos Presidentschaft gab es in unserem Land einen Witz:

Die Sitzung des Obersten Sowjets.

Sein Vorsitzender wendet sich an die Deputierten:

- Sehr geehrte Deputierten, man muß nicht nur an sich denken, es ist Zeit, auch ans Volk zu denken.

Da kommt zur Tribüne einer der Deputierten und sagt:

-Zuerst muß man aus dem Sall die Journalisten entfernen.

Die Journalisten sind enfernt worden.

- Und jetzt ist Fernsehsendung zu unterbrechen. Die Fernsehsendung ist unterbrochen.

Der Deputierte räuspert sich, kommt wieder ans Mikrophon heran und sagt:

- Jetzt kann man auch über die Leute sprechen. Also, wie viele leibeigene Seelen für Anfang?

Ich erinnere mich noch an den Artikel eines der Journalisten, als Ûŝenko zur Macht gekommen war. In diesem Artikel wurde ein Gleichnis darüber angeführt, wie die Krieger vor vielen Jahrhunderten versuchten, einen Drachen zu besiegen. Und wie es sich eimal herausstellte, jeder, der ihn besiegen konnte, nachdem er unermäßliche Schätze gesehen hatte, die der Drache bewachte, wurde selbst vor Gier zum Drachen. Und der Journalist stellte sich dieselbe Frage, ob sich solche "Drachenkrankheit" Ûŝenko nicht holt: auf ihn wurden ja so große Hoffnungen gesetzt. Vielleicht wurde er zum Drachen nicht, es war mir aber traurig zu sehen, worauf er die Zeit seiner Presidentschaft vertrödelt hat. Auf Verbesserung des Lebens von seinen Dorfgenossen? Auf Organisation und Wiederaufbau des Werks "Arsenal"? Auf Wiederhertellung des guten Namens von Bandera? Es scheint mir, daß

Ûŝenko als President in einem Land mit vieljähriger Erfahrung der europöischen Demokratie und mit starker Wirtschaft wäre. Gerade dort wären seine ganze Tätigkeit, alle seine Projekte gefordert. Und das Wichtigste: die wären rechtzeitig. Und nicht hier, wo während so langer Zeit Feinschaft zwischen dem Westen und Osten der Ukraine extra gepflegt wurden, wo die Wirtschat problematisch und vor allem das mir der Korruption durch und durch zersetzte Machtsystem ist. Für den Erfolg in der Ukraine müßte seine Ehrlichkeit mit der Härte und Sicherheit im Umgang mit den Menschen in der Macht bekräftigt werden. Sogar die sehr loyal gestimmten Menschen gerieten deswegen in Staunen, vieviel Zeit Ûŝenko für die Weltreisen vertrödelte, statt die dringlichen ukrainischen Fragen zu lösen. Ich meine, daß wenn sich die Ukraine wirklich als das Land gezeigt hätte, das nach europäischer Formation sowohl in der Politik, als auch in der Wirtschaft strebe, hätte es in unserem Land keine Probleme mit der Wiederherstellung des guten Namen gegeben.

Woran erinnere ich mich aus jener Zeit am meisten?

1. Die Beamten hatten wirklich einige Zeit Angst, sich bestechen zu lassen. Das hat sie natürlich nicht gezwungen, tadelos zu arbeiten, es gelang aber einige Fragen durch zahlreiche Erschei-

nen in nötiger Anstalt ohne irgendwelche Geschenke zu lösen.

2. Daß Ûŝenko keine Probleme schuff, als er
für die zweite Frist der Presidentschaft nicht ge-
wählt wurde. Obwohl, nach Methoden seiner Regierung war verständlich, daß er keine Absicht hatte, ukrainischer Putin zu werden. Dazu haben wir
einen anderen Mann.

Grund und Boden

Alles ist gekauft, zum Weiterverkauf aufge-
kauft, wiederverkauft und schon nicht einmal. Es
ist angenehm, die ukrainische Zeitung "Avis" im
Abschnitt "Verkaufe Grund und Boden"
auazumachen. Viele Tausende Hektar werden in
der ganzen Ukraine schon nicht das erste Jahr verkauft. In diesem Abschnitt kann man ungezwungen
Hegeländereien und Rekreationsböden finden, die
fast kostenlos in die Hände von Deputierten örtli-
cher Sowjets oder von den ihnen hahestehenden
Menschen gerieten.

Dabei ist es in unserem Land ungkaublich
schwer, ein offizielles Dokument zu bekommen,
das das Bodeneigentum bestätigt. Meine Freundin
fasst die Dokumente unter Beachtung aller Former-
fordernisse für ein Grundstück bei Kiew rund 4
Jahre ab. Aus dieser unendlichen Geschichte gefällt

mir persönlich am besten der Moment, als vor einem oder anderthalb Jahren ein Erlaß über die Einführung eines neuen oder zusätzlichen Dokuments verabschiedet wurde. Und danach konnte man während eines halben Jahres nichts machen, weil die Fachleute aus den Staatsorganen nicht wußten, wie dieses Dokument auszufüllen war. Und die Erläuterungen erschienen nur nach einem halben Jahr.

Meine Mutter erbte nach dem Tod ihres Vaters ein Grundstück von zwölfhundert Qudratmetern in einer Gartebaugesellschaft. Mit allen laufenden Sorgen um die Dokumente hat sie eine Zwischenhandelsfirma beauftragen. Nach der Beendigung der Arbeit mußte sie persönlich alle Dokumente bei entsprechender Behörde einreichen. Wissen Sie, wie das geschieht? Meine Mutter hatte eine Nummer, zum Beispiel nach 6 hundert, etwa entweder 618 oder 648. Dabei ist es unmöglich, telefonisch zu erfahren, welche Nummer jetzt schon bedient ist. Um sich davon zu überzeugen, daß du deine Reihe noch nicht verpasst hast, mußt du die staatliche Institution persönlich besuchen!

Alltagsleben

Stadt Kiew. Podol (einer der zentralen Stadtbezirke), eine Wohnung in einem Wohnhaus. Und der Halbkellerraum in diesem Haus ist einer kommerziellen Gesellschaft verkauft. Sie beginnt die Renovierung, während der es sich herausstellt, daß eines der Standröhre (vertikal eingebaute Röhre für Wasserzufuhr auf die Stöcke) mit Warmwasser leckt. Die Mitarbeiter der Gesellschaft führen irgendwelche absurden Handlungen aus, besuchen die Wohnungen, suchen nach etwas, obwohl das Standrohr bei ihnen im Keller leckt. Nach einem halben Jahr riegeln sie einfach statt der Renovierung Warmwasser ab. Ich habe in diesem Haus noch anderthalb Jahre gewohnt, und innerhalb dieser Zeit ist es den Einwohnern nicht gelungen, zu erstreben, daß man Wasser wieder einschaltet. Eisiges Wasser sowohl im Sommer, als auch im Winter zwang das Geschirr im Badezimmer abzuwaschen, da die Küchenfläche zu wenig war, um die Waschmaschine aufzustellen.

Gebiet Tscherkassy, eines der Gebietszentren.

Ein fünfstöckiges Haus, in dem ursprünglich weder Warmwasser, noch Heizung vorgesehen waren. Und die Besitzerin einer der Wohnungen fasst einen Beschluss, in die Wohnung eine Erdgaslinie ziehen zu lassen, damit es im Winter warm ist und man duschen kann. Weil man das ganze Leben in Becken zu baden, ist ehrlich gesagt unerträglich. ABER: das Problem besteht nicht in der Durchführung von Reparaturarbeiten. Eine Privatfirma, die für diese Arbeit angestellt wurde, hat alles qualitativ und fristgemäß ausgeführt. Die Probleme begannen beim Anschluss und der Ausfertigung von Urkunden für diese Arbeiten. Es handelt sich darum, daß diese beiden Prozesse mit den Staatsorganen verbunden sind. Und kann das aber leicht sein? Da kommen irgendwelche Leute, streichen mit feuchtem Finger über die Rohrverbindung und sagen:

- Bei Ihnen ist alles in Ordnung. Bezahlen Sie die Rechnung. 240 Hrn.

Eine lange Pause. Die schockierte Besitzerin kommt hach einiger Zeit zu sich und fragt:

- Wofür 240 Hrn?

- Sind wir zu Ihnen gekommen? Gekommen. Haben wir die Richtigkeit der Einstellung geprüft? Geprüft. Unsere Arbeit kostet 240 Hrn.

Für die Ukraine ist es, beiläufig gesagt, keine Seltenheit. Die Arbeit selbst ist nicht besonders wichtig. Das Wichtigste ist, daß nach der Bezahlung einer Rechnung du das Papier erhalten kannst. Und gerade dieses Papier wird dir erlauben, sich weiter zu bewegen, und nicht die ausgeführte Arbeit. Als wir das Geschäft eröffneten, hatten wir einen ähnlichen Fall. Der Brandschutzinspektor hat gesagt, daß wir für den Erhalt der Genehmigung die Widerstandsmessung durchzuführen haben und gab uns die Telefonnummer der Firma, die sich damit beschäftigt. Als zu uns ein Mitarbeiter dieser Firma gekommen war, gab es im ganzen Raum kein Licht. Er leuchtete einige Sekunden mit einer Taschenlampe auf die stromlos gemachte Schaltungstafel und sagte:

- Alles. Sagen Sie die Faxnummer, damit wir ihnen morgen eine Rechnung für die ausgeführte Arbeit erstellen.

- Und was wird diese Arbeit kosten?

- 2400 Hrn.

Stille Szene.

Sind Sie bereit, für solche Arbeit 220 Euro zahlen? Ich, nicht. Daher erhielten wir die Genehmigung von der Brandschutzinspektion sehr lange.

Ich möchte hinzufügen, daß vieles, nicht nur die Lebenskleinigkeiten, schon lange her unerträglich wurde. Wir sind der schrecklichen Straßen und überfüllten Müllbehälter am Wochenende überdrüssig. Wir sind auch der schmutzigen stinkenden Eingänge überdrüssig und auch dessen, daß es schwer ist, in die Untergrundbahn mit einem Kinderwagen hinunterzusteigen. Sowie auch dessen, dass asphaltierte Gehwege für normale Schuhe nicht bestimmt sind und dass bei beliebigem Regen der Übergang von Straße für Fußgänger eine schwer erfüllbare Aufgabe wird. Sie sollen doch verstehen, dass ich schon seit einigen Jahren in der Hauptstadt unseres Landes wohne. Und das, was für Kiew einfach ein Problem ist, ist für die Städte mit einem niedrigeren Status ein mit 2, 3, 4 und so bis ins Unendliche multipliziertes Problem. Ich will nicht sagen, dass nichts gemacht wird. Glauben Sie mir, ich bin ein sehr optimistischer Mensch, der hoch glaubt, dass ein beliebiges Problem uns die Möglichkeit gibt, etwas im Leben zu erlernen. Aber innerhalb von vielen Jahren häufte sich bei mir so ein Unverständnisklumpen auf, dass man es erzählen muss. Es ist dumm zu sagen, dass ich mein Land liebe, wie es ist. Das ist nicht wahr. Die Wahrheit besteht darin, dass ich das Land liebe, in dem ich geboren wurde, aufwuchs, wo ich viele guten Freunde habe, wo ich einen Menschen traf, mit dem ich schon viele Jahre zusammen bin, wo ich meine Kinder gebar. ABER gerade für meine Kinder will ich ein SOLCHES Land nicht. Das Land, wo es für alles Doppelstandards gibt. Wo du schutzlos gegen jeden Machtvertreter bist. Wo es nicht ausreicht, ehrlich zu arbeiten und ehrlich die Steuern zu zahlen. wo es nicht ausreicht, gut zu lernen (für die Prüfungen muss man sowieso zahlen). Der Bruder meiner guten Freundin ist zum Wettkampf nach Deutschland gefahren. Während der Reise ist es ihm gelungen, Belgien zu besuchen. Er kehrte erschüttert zurück und sagte: "Ich will, dass meine Kinder dort leben". Ich stelle mir die ganze Zeit eine Frage: warum kann man wunderbares Leben hier nicht machen. Hier ist ja alles nahe - Grund und Boden, Menschen, Sprache. Weder in Deutschland, noch in Belgien oder in jedem anderen Land von Europa oder Amerika sind die Ordnung und der Landswohlstand aus der Luft erschienen. All das ist das Ergebnis aller eingesetzten Kräfte. Freilich waren alle Anstrengungen zum Wohle des Landes und nicht der eigenen Tasche gelenkt, wie es jetzt in der Ukraine geschieht.

Zur Frage über das Bedürfnis der Ukrainer, in einem normalen Land zu leben - glauben Sie, daß niemand weiß, wie das System arbeiten muss, um bequem für einfache Bürger zu sein? Das ist nicht wahr. Viele wissen, viele wollen. Aber jene, die es wissen, brennen auf die Macht nicht. Man kann ja zum Beispiel allen die Steuernummer, irgendwelche ID Nummer, wie es in Europa und Amerika üblich ist, verleihen. Man kann natürlich. Und sie wird bei uns verliehen. Zuerst in der Steuerinspektion, dann im Rentenfonds. Ich, zum Beispiel, reichte Unterlagen für den Erhalt solcher Nummer im Rentenfonds im März 2005 ein. Als ich das machte, informierte mich vorher, dass jetzt die Probleme mit Plaststoff seien, und der Pensionsfonds kein Geld habe, um ihn zu kaufen und Plastkarten für alle herzustellen. Daher geschehe dieser Prozess für große Unternehmen etwa schneller und ich als Privatunternehmer müsse ein bisschen warten. In dieser Zeit, bis ich wartete, wurden in unserem Land einige Male die Wahlen und Neuwahlen durchgeführt, änderte sich die Macht (auch einige Male). Ich fing schon an, mein Unternehmertum zu schließen, und endlich Ende 2011 erhielt ich einen Brief darüber, daß die Karte mit meiner Rentennummer schon hergestellt ist und ich sie abholen kann. Stellen Sie sich vor, mit welchen Siebenmeilenstiefeln sich die Entwicklung in unserem Lande vollzieht, wenn irgendwelche plastische Narrenkarten der Staat innerhalb von 7 Jahren nicht herstellen kann?

Die Straßen, die ich oben erwähnte, sind überhaupt ein Sonderthema. Die Ukraine ist schon über 20 Jahre von allen und allen unabhängig. Aber bis jetzt fahren wir fleißig Gruben, Schlaglöcher, Risse und alles andere in verschiedenen Teilen unseres Landes herum. In unserem Lande gibt es sogar einen solchen Witz: Zusammen mit Schnee ist auch die Straßendecke aufgetaut. Alle wissen doch in Wirklichkeit, wie alles in der Tat geschieht. Für den Straßenumbau wird jedes Jahr eine bestimmte Geldsumme bereitgestellt. Wenn die Zeit kommt, sie auszugeben, so wird sie als ob für die Reparatur gebucht, für die Reparatur wird im Grunde genommen nicht mehr als 20% ausgegeben (man spart an allem - an der Qualität der Straßenstoffes, an qualifizierten Arbeitern, an der Gesamtzahl von Arbeitern, an der Bautechnik usw. usw.). Und alles andere wird in die Taschen von Beamten gebucht. Die berühmten ukrainischen Belohnungen existieren, Sie können sich daran nicht zweifeln. Und jetzt sind sie lebendig als je. Die Geschichten darüber, wie die Vorhänge für einen staatlichen Betrieb genäht wurden, wie von der dafür bereitgestellten Summe 90% (! Denken Sie sich in diese Ziffer hinein) für Bestechung bestimmt waren und der Rest für die Vorhänge selbst ausgegeben war, sind in Wirklichkeit sehr wahr. Jede Ausschreibung und jedes große Geschäft gründen sich unbedingt auf Belohnungen. Und was auch die ukrainischen Beamten zur Antwort auf dieses Buch sagten, glauben Sie nicht. Kommen Sie lieber und sehen Sie ihre Wohnungen, Häuser, Landhäuser und Autos an. Und fragen Sie sich selbst (Sie brauchen sie nicht zu fragen, sowieso lügen sie immer), wie konnte man das alles ehrlich erwerben? Über die Politiker-Geschäftsleute spreche ich nicht, obwohl auch unbegreiflich ist, was sie in der Macht machen. Hier ist wenigstens die Einkommensquelle bekannt. Ich spreche über die Politiker, die angeblich kein Geschäft betreiben. Oder über die Leiter der Brandschutzinspektion, die die Unternehmer auf unverschämte Weise plündert. Oder über die Deputierten der Ukraine, die über einige auswechselbaren Autos verfügen, dabei jedes mit einem Sonderfahrer, und wenn Sie sich über das alles nachsinnen, werden Sie keine Fragen haben, ob es wahr ist, dass man in der Ukraine die Belohnungen nimmt. Das ist wahr. Die Belohnungen nimmt man. In großen Mengen. Es ist lächerlich, dass diese Krankheit ansteckend ist. Ich hatte die Möglichkeit, eine Frau (eine Ausländerin) kennenzulernen, die eine Mitarbeiterin der Botschaft eines der europäischen Länder, die in der Ukraine vertreten sind. In die Ukraine wurde sie nach zahlreichen Beschwerden über den Botschafter dieses Landes gesandt, man sagt: die Probleme mit Visen, die Urkunden werden lange geprüft, die Mitarbeiter lassen sich bestechen. Als es unmöglich wurde, die Augen vor den Beschwerden über Schmiergeld zu verschließen, wurde die von mir oben genannte Bekannte für die Prüfung hergeschickt. Sie hat sie durchgeführt und ehrlich über alles geschrieben, was ihr gelang, aufzudecken. Die Beschwerden erwiesen sich als wahr. Die Bestechungen und andere Verletzungen fanden wirklich statt. Und was meinen Sie, was geschah weiter? Das ist wirklich lächerlich. Ungeachtet aller Verletzungen behielt der Botschafter und andere Mitarbeiter der Botschaft ihre Arbeitsplätze. Und die Mitarbeiterin, die die Prüfung durchgeführt hatte, wurde gekündigt.

Kinder

Ich mag die Ukrainer sehr. Sie sind klug und talentvoll, jedenfalls, viele von ihnen. Unsere Frauen lieben die Kinder und gebären sie ungeachtet vieler Kompliziertheiten. Unsere Menschen verstehen den Optimismus nicht zu verlieren und die unglaublichen Resultate unter den unwahrscheinlichen Verhältnissen zu erreichen. Und viele verreisen nicht nur wegen der Probleme im Gewerbe oder der Unlust, ständige Missachtung von Seiten der Macht zu dulden. Der andere Grund, der im Übrigen auch alles oben Aufgezählte einschließt, ist die Notwendigkeit des normalen Lebens für ihre Kinder. Diese Frage ist mir, wie keine andere, nah. Was verstehe ich in erster Linie unter dem Begriff des besseren Lebens? Man kann wahrscheinlich 3 Aspekte aussuchen:

1. Die Achtung vor dem Kind, und später vor dem erwachsenen Menschen, als für den Bürger und als für den Menschen. Das Kind muss nicht nur die Pflichten dem Staat gegenüber haben, wie es jetzt ist, sondern auch die Rechte.

2. Die Bildung, die in der ganzen Welt anerkannt wird. Natürlich verstehe ich, dass alle jetzt die Programmierer aus Osteuropa mögen. Aber alle anderen Diplome sind letzten Endes zu bestätigen. Aus alldem, was ich über die Bildung in Europa und nicht nur in Europa weiß, kann ich zum

Schluss kommen, dass hier die Frage sogar nicht in der Qualität der Bildung, sondern in der Anerkennung der europäischen Bildung überall besteht. Im Gegensatz zur ukrainischen. Die andere Seite der Frage - die Unmöglichkeit, wirklich in einer angesehen Hochschule der Ukraine zu studieren, ohne vorläufige illegale und sehr große Beiträge. Viele Jahre wunderte mich, warum kann man die Ausbildung in solchen Hochschulen ursprünglich gegen Bezahlung nicht machen, bis ich verstand, dass diese Geldsummen in das Budget gehen werden, und so gehen sie in die Taschen der nötigen Menschen. Glauben Sie mir, die Einleitung des Testsystems hat die Aufgabe kompliziert, aber sie ganz nicht ausgerottet.

3. Die Möglichkeit, die Kinder allseitig zu entwickeln. Hier handelt es sich um verschiedenste Sportstunden und zusätzliche Bildungsprogramme. Der Sport ist ehrlich gesagt überhaupt eine große Frage. Es ist mir im Großen und Ganzen schwer vorzustellen, wie man in der Ukraine die Sportler für Olympiaden und internationale Wettkämpfe vorbereitet. Außer einiger neuen Stadien und Fitness-Klubs in den Großstädten kann man auf nichts stolz sein. Sie können ohne weiteres in beliebigen Komplex hingehen - ZSKA, Spartakus, Becken "Wodnik" - und überfall werden Sie ein und das gleiche sehen: alte Sportausrüstung und Staub. Ja,

wir haben gute Trainer und Sportlehrer, aber die Kinder wollen nicht die alten unbequemen Hallen besuchen. Geschweige denn darüber, daß man in Kiew die Becken zum Beispiel an den Fingern abzählen kann. Nach meinen Angaben gibt es sie nicht mehr als 7. Kann es für eine Millionenstadt ausreichen? Dabei ist der oben erwähnte "Wodnik" - ein alter Becken mit Kaltwasser im Becken selbst und in den Duschräumen, und alte Auskleidekasten in den Umkleideräumen. Es reicht dem Kind einmal hinzugehen, um ihm auf lange Zeit den Wunsch wegzunehmen, Schwimmen zu treiben. Das alles ist noch mit dem Problem der Bewegung in Kiew belastet. Im Großen und Ganzen ist es ja unwichtig, ob ihr Kind Fußball treiben oder eine Kunstschule besuchen will. Da es solche Anstalten so wenig in beliebiger ukrainischer Stadt gibt, sind wir sowieso gezwungen, in anderen Stadtteil zu fahren. Und den größten Teil der Zeit wird das Kind dabei nicht für die Übungsstunden verausgaben, sondern für den Verbleib in den Verkehrsmitteln. Es ist verständlich, daß man in einer großen Stadt alles bei der Hand nicht haben kann. Die Frage ist ja hier in anderem. In unserem Land will der Staat nicht die Mittel in die Entwicklung der Bildungsstruktur und Sportstruktur für Kinder investieren. Weil die Kinder der Beamten zum größten Teil im Ausland studieren. Und wofür zahlen wir die Steuern? Das ist niemandem bekannt. Dabei bin ich mehr als sicher, dass es eine sehr große Anzahl von Unternehmern gibt, die vieles für die Kinder machen könnten. In unserem Land muss man Altruist bei der Eröffnung solchen Gewerbes sein. D.h. man muss dafür bereit sein, daß du zuerst in die Entwicklung des Geschäfts investierst, indem du Bestehungsgeld allen ausgibst, und dann wirst du alle bestechen, damit man dich nicht stört (oder richtiger gesagt, dir erlaubt) zu arbeiten.

Welches Endergebnis hat solche Politik des Staates? Die Mehrheit der Kinder bleibt auf sich selbst oder auf den Computer mit PSP fast vom Säuglingsalter auf angewiesen. Und für das verdiente Geld werden ihre Eltern sie ins Handels- oder Unterhaltungszentrum führen. Die ganze Generation der Kinder ist aufgewachsen, die während ihrer ganzen Kindheit sich nirgendwo anbringen konnten. Beginnen sie Ball zu spielen, so erscheint im Fenster irgendwelche Großmutter und beginnt auf sie zu schreien und sie zu verjagen, damit sie sie nicht stören zu schlafen oder in der Stille fernzusehen. Ja, das ist alles richtig, unter der Bedingung, daß die Kinder draußen für solche Kinderspiele speziell bestimmte Plätze haben. Solche Plätze gibt es bei uns nicht. Im Ergebnis gewöhnen sich die Kinder ins Mobiltelefon und in den Bildschirm des Computers zu sehen. Und davon wachsen die Skoliosenrücken und kranke Körper auf. Und egal, alle pfeifen auf alles.

Daher verehre ich in dieser Situation aufrichtig vor den Sporttrainern, die es fertigbringen, unter solchen Verhältnissen neue Sportler aufzuwachsen und wenigstens ein minimales Prozent zum Sporttreiben heranzuziehen, und vor allem zu arbeiten, ungeachtet des Fehlens sowohl normaler Bedingungen, als auch normaler Gehälter. Zum Beispiel verdient der Trainer der Kinderfußballschule "Dynamo" nicht mehr als 6 000 Hrn, d.h. rund 550-600 Euro im Monat. Dabei unterhält er eine Familie aus 2 Kindern. Und sogar wenn seine Frau arbeitet,- bei dem Wert des Lebens in Kiew -, weiß ich ganz gut, dass sie in sehr bescheidenen Verhältnissen leben. Der Mensch, über den ich hier spreche, trainiert dabei mit einer aufrichtigen Liebe die kleinen Fußballspieler, mag sie, mag Fußball und hofft mit ganzem Herzen, dass der Inhaber des Klubs "Dynamo" früher oder später beginnt, die Mittel in die Entwicklung der Kinderschule zu investieren. Obwohl jetzt das mit umgekehrter Genauigkeit geschieht. Niemand will Geld in die Entwicklung von Kindertalenten anlegen - wann wird davon die Rückerstattung sein, sagt man. Ja, das ist die Kehrseite des Kindersports. Wie viele von ihnen werden dann Berufssportler werden. Einzelne. Und wenn dabei der andere Teil der Kinder, der im Leben einen anderen Weg findet, bleibt dabei gesund, verdient dieses Ergebnis keine Achtung? Für mich als Menschen ist die Antwort verständlich und unverkennbar. Aber vielleicht muss man dafür Mensch bleiben?

Europa

In der ukrainischen Zeitschrift Korrespondent[2] wurde unter Berufung auf eine italienische Zeitung eine kurze Notiz mit folgendem Inhalt veröffentlicht:

"Europa, das sich wegen der Sache von Julia Timoshenko widergesetzt hat, erwies sich in den Beziehungen mit der Ukraine als kurzsichtig. Beim Willen könnte dieses Land mit Hilfe von neuen Investitionen, durch Effektivitätserhöhung, durch Benutzung von alternativen Energiequellen auf seinem Territorium sowie auf Rechnung der Importdifersitikation ruhig die Abhängigkeit von russischem Gas vermeiden".

Wahr ist hier nur eine Behauptung - **die Ukraine könnte.** Sie könnte nicht nur die Abhängigkeit vermeiden, sondern auch schon lange nach allen Kennziffern wie Stand des wirtschaftlichen Wachstums, Zufluss von ausländischen Investitio-

---

[2] "Korrespondent" №6 (494) vom 17.02.2012, S. 33.

nen, soziale Absicherung der Bürger usw. usw. ihre nahen Nachbarn überholen. Wenn sich unser Land diese ganze Zeit wie eine billige Prostituierte von Westen nach Osten und zurück nicht hin- und herwürfe, wenn es wegen des leichten Nutzens nach links und rechts nicht verkaufte, wenn dem ukrainischen Volk die Möglichkeit gäbe, zu arbeiten und zu verdienen, dann ja, könnte die Ukraine. Aber, mit Verlaub zu sagen, hängt das wenig von Europa und seinem Verhältnis zur Sache von Timoshenko ab. Wäre Europa mehr loyal gegenüber unserem Land in diesem konkreten Fall, würde das die vergangenen 20 Jahre der Unabhängigkeit der Ukraine mit allen erreichten Resultaten nicht durchstreichen. Wenn sich in diesem ziemlich ernsten Zeitraum jemand von Machthabern wirklich um Probleme des Landes gekümmert hätte, so glaube ich, würden unsere Leute Kräfte und Wünsche finden, das Wirtschaftswunder zu wirken. Wenn wir sogar alle trinkenden Männer fallenlassen, so wird eine große Anzahl von arbeitsamen Frauen bleiben, die auch bis jetzt die Lokomotiven unserer Gesellschaft sind. Ich kenne kein anderes Land (vielleicht noch Russland), wo die Frau dazu kommt, Karriere zu machen, und dann nach Hause gekommen, verwandelt sich in eine demütige Frau, die sich aus allen Kräften bei ihrem Mann und den Kindern einschmeichelt, ohne Aufmerksamkeit auf die am Arbeitsplatz ausgegebenen Kräfte und auf absolute Ungleichheit in Bezug auf die Frauen in unserer Gesellschaft zu schenken. Das ist aber eine Abweichung vom Thema. Ich wollte über anderes sagen. In unserem Land ist eine große Mende von Ressourcen konzentriert: Landwirtschaft, Gas, Bodenschätze, Meere und Berge, die für Entwicklung der Touristeninfrastruktur nötig sind, und das ist nur ein kleiner Teil von Schätzen der Ukraine. Selbst wenn wir den ins Ausland weggefahrenen Goldfonds der Arbeitsamkeit und Talente berücksichtigen, so ist es zweifelhaft, dass sich die gebliebenen Bürger lossagten, im Rechtsstaat mit einem hohen Niveau der Entwicklung und Absicherung zu leben. Und was ist eigentlich unser Land jetzt? **Das Land ohne Gesicht.**

Vor Europa steht jetzt eine schwere Aufgabe in Bezug auf die Ukraine. Das ist wie mit den Kindern. Es kommt vor, dass beim Kind eine Hautreizung erscheint. Die Eltern verschließen lange die Augen davor, wer weiß, vielleicht hat es etwas Schlechtes gegessen oder während des Spazierganges mit irgendwelcher Pflanze die Haut gekratzt. Und die Reizung bleibt, beginnt auszuwachsen, verwandelt sich in ein ernstes Problem und sogar in dieser Situation verstellen sich die Eltern, dass alles jeden Augenblick vergehen kann und im besten Fall das Kind zwingen, antihistaminische Mittel einzunehmen. Man muss aber ganz anderes machen. Man muss Realisten sein. Man hat die Augen aufzumachen und der Wahrheit ins Auge zu sehen. Und zuzugeben, dass es "jeden Augenblick" nicht vergehen kann und dass es in Wirklichkeit ein ernstes Problem ist. Und nach dem Verständnis und Einsehen, dass das Problem wirklich besteht, muss man nach seiner Ursache suchen. Die Aufgabe von Europa besteht also meiner Meinung nach darin, das zuzugeben, dass die Ukraine in absehbarer Zeit keine blasse Chance hat, einem europäischen Land ähnlich wenigstens entfernt zu werden. Viele Jahre lebten wir unter dem Joch von Kommunisten und die Menschen, die uns jetzt verwalten und noch einige Jahrzehnte verwalten werden (weil die anderen zur Macht nicht zugelassen werden), haben keine blasse Ahnung vom Wesen der europäischen Demokratie und davon, wie ihre Prinzipien real in der Praxis zu verwenden sind. Sie sind in dem Land aufgewachsen, wo die Angst die Hauptwaffe der Verwaltung ist, und gerade das versuchen sie mit allen möglichen Mitteln in der ukrainischen Gesellschaft zu pflegen. Ja, während der Orangenrevolution hatten wir einen Hoffnungsstrahl, aber es ist einzusehen (wiederum), dass die Führer jener Zeit keine Kräfte für tiefe Veränderungen der Gesellschaftsordnung gefunden haben, und was haben wir jetzt? Vollen Rücklauf, im heutigen Leben der Ukraine gibt es nichts von Errungenschaften jener "Revolution". Die Kehrseite des Problems besteht darin, daß niemand die Einleitung der wahren Demokratie braucht. Es ist ja leicht, die verschüchterte Gesellschaft zu verwalten und aus ihr das letzte herauszuholen. Man kann die Geschäftsleute ruinieren, sich die gefallenen Gesellschaften aneignen, die Journalisten zum Schweigen bringen, mit der Zeit mit Gewalt die Demonstrationen auseinandertreiben. Vielleicht ist es nicht ganz so. Aber alles geht dazu. Und die Europäische Union hat die Augen zu öffnen und die Wahrheit einzusehen. Von der Ukraine ist auf nichts zu erwarten.

Glauben Sie, daß ich ein im Pessimismus versunkener Mensch bin. O ja, in unserem Land geschahen große Veränderungen. Unverständlich ist nur, warum nach Kiew immer neue und neue Menschen kommen und immer dieselbe alte Geschichte erzählen:

- Warum sind Sie aus Lisichansk, Lutogino (Gebiet Lugansk, Ostukraine), aus Wladimir-Wolynskiy, aus Chernigow, aus Kriwoy Rog, aus Cherkassy weggefahren?

- Es gibt ja dort keine Arbeit. Die Betriebe arbeiten nicht. Ich bin Krankenschwester, mein Lohn beträgt 680 Hrn im Monat, noch 20 Hrn verdiene ich für eine Massage. Vor einigen Jahren haben wir Schmuggel getrieben: wir haben nach Polen mit den Zügen Spirituosen und Zigaretten befördert. Jetzt wachsen aber die Kinder auf, wir schämen uns vor ihnen. Ich bin nach Kiew gekommen, werde als Kinderwärterin oder Hausgehilfin arbeiten und die Kinder sind bei meiner Mutter geblieben.

- Bei uns zu Hause gibt es keine Arbeit, sogar die Brotfabrik ist bei uns geschlossen worden.

- Und ich bin Französischlehrerin, jetzt braucht man in Lisichansk kein Französisch, man muss den Sohn auf die Beine stellen.

- Und ich bin Landwirt, und bei den Landwirten ist es jetzt mit der Arbeit kompliziert.

- Und ich bin Bibliothekbeschäftigte, aber Sie wissen doch, welchen Arbeitslohn sie jetzt haben. - Und ich komme aus Kriwoy Rog. Nein, dorthin kehre ich um keinen Preis zurück. Wissen Sie, unsere Stadt wurde als Ort entstanden, wohin man die befreiten Häftlinge verschickte. Sie können sich sogar schwer vorstellen, wie viele Menschen bei uns trinken. Es gibt keine Arbeit. Und es gibt keine Perspektiven. Hätten Sie die Straßen von Kriwoy Rog sehen können. Wie viel Straßenkot und Staub gibt es dort. Die ganze Bevölkerung ist ja dort krank. Aber niemand will darüber sprechen.

Für die ganze Vollendung dieses Bildes muss man den Westen unseres Landes besuchen. Ich meine aber nicht Lwow, ich meine Transkarpatengebiet. Die riesigen öden Häuser, in denen die Familien mit alleinstehendem Vater oder alleinstehender Mutter wohnen. Die in Obhut weiter Verwandten oder überhaupt fremder Menschen gelassenen Kinder, bei denen sich die Eltern nur mit dem Gelderhalt über Western Union assoziieren, getrennte Familien, wo es entweder den Vater, oder die Mutter gibt, und wissen Sie, warum das alles? Weil alle diese Leute keine Arbeit und nichts zum Essen hatten. Und dort stehen die ganzen Dörfer unbewohnt, weil die Bewohner zum Nebenerwerb nach Europa weggefahren sind. Der eine nach Polen, der andere nach Ungarn, der eine nach Italien, der andere nach Portugal, und im Grunde genommen spielt das keine Rolle. Die Frage ist hier nicht in der Richtung, sondern in der Anzahl von Weggefahrenen. Und das sind Tausende und aber Tausende von Menschen aus einer Seite der Ukraine und kaum Tausend von Menschen aus anderer Seite der Ukraine, die nach Russland gefahren sind, weil es ihnen näher und vielleicht daher verständlicher ist. Und, wissen Sie was? Die Menschen fahren weiter weg. Wenn früher die Menschen wegfuhren, die einfache unermüdliche Arbeiter waren, die verstanden gut zu bauen, zu kochen, zu nähen, sich mit dem Boden zu beschäftigen, so verlässt jetzt unser Land der Goldfonds der Ukraine. Nein, sogar nicht so. Der Geldfonds **flieht** jetzt aus der Ukraine.

Frauen

Ich glaube, dass man den ukrainischen Frauen einen einzelnen Abschnitt widmen muss. Weil sie, oder richtiger gesagt wir, es verdient haben.

Wie immer, eine kleine Geschichte. Slowakei, Ende 2011. Ich bin zum Spaziergang hinausgetreten, die Kinder haben sich in der Hotehalle aufgehalten und in dieser Zeit kommt an mich ein Mann des Durchschnittsalters heran und fragt auf gebrochenem Englisch:

- Entschuldigen Sie, ist drüben auf der Parkstelle auf der Ausfahrt Ihr Auto?

Ich antworte höflich, dass es nicht mein Auto ist. Wahrscheinlich bringt ihn mein Englisch auf irgendeinen Gedanken, weil er sofort noch eine Frage stellt:

Woher kommen Sie?

- Aus der Ukraine.

Mein Gesprächspartner wird lebhaft und beginnt ohne Wahrung irgendwelcher grammatischen Regeln zu murmeln:

- O, die Ukraine, morgen… morgen, kommen Sie? Um 7 Uhr abends… morgen, werde ich… komm, morgen.

Es vergeht einige Zeit, bis ich verstehe, dass er mir ein sogenanntes Stelldichein zu bestimmen versucht, wenn, natürlich das Wort "Prostituierte" mit dem Wort "Stelldichein" verbinden kann. Ich antworte heftig "Nein", wende mich ab und gehe weg. Ich würdige den Mann nach Gebühr, er kam nicht dazu, sich bei meinem Rücken zu entschuldigen, bevor ich sich ziemlich weit von ihm entfernte. Aber es ist ja verständlich, dass seine Frechheit nicht mit meinem Aussehen verbunden war. Nein, das ist bei unseren Frauen so ein unwahrscheinliches Image in der ganzen Europäischen Union. Wie viele Frauen, ohne andere Perspektiven zu sehen, gingen einen Weg der Prostitution. Tausende. Sehen Sie auf Odessa, kommen Sie nach Kiew auf den Autobahnring (beiläufig gesagt, ist das Wort "Autobahnring" in der Hauptstadt schon lange zum Gattungsnamen geworden), verbringen Sie am Abend die Zeit neben den teuren Hotels, besuchen Sie die Stadt Charkow, die seit langem durch Schönheit ihrer Bewohnerinnen berühmt ist. Ich sehe skeptisches Lächeln männlichen Auditoriums vor, dem das alles Vergnügen macht. Das sind aber nicht einfach Tausende von Frauen. Das sind Tausende von gebrochenen Schicksalen und Leben. Eine riesige Anzahl von kranken Menschen und kranken Kindern, die von diesen Frauen geboren wurden. Das sind Drogenabhängigkeit und Trunksucht, von denen die Bevölkerung der Ukraine so langsam, aber sicher ausstirbt. Kein Leben, keine Perspektiven. Haufen Prostituierten, Haufen Weggefahrenen, Millionen von Hassenden.

Dabei sind ukrainische Frauen sehr arbeitsam und lieben ihre Kinder sehr, obwohl sich in der letzten Zeit bei uns immer mehr die Tendenz einlebt, die Geburt der Kinder auf die lange Bank zu schieben. Die klugen, gebildeten und selbständigen Frauen kann man verstehen - auf 90% ukrainischer Männer kann man sich nicht verlassen. Wir sprechen jetzt über Untreue. Dieses Problem geht aber die ganze Welt an und ist in der ersten Linie mit der Abwesenheit der Achtung von Menschen vor einander verbunden. Ich spreche über den Lebensstandpunkt von ukrainischen Männern. Ein einfaches Beispiel. Der Mann meiner Bekannte beschäftigt sich mit der Renovierung von Wohnungen. Er hat keine ständige Beschäftigung, außerdem, da die Winter bei uns ziemlich frostig sind, nimmt seine Arbeit überhaupt einen Saisoncharakter an. Dabei hat die Familie zwei Kinder, die Frau, wie es sich in solcher Situation gehört, hat Dauerbeschäftigung (sie ist Buchhalterin) und führt inoffiziell, ohne Eingliederung, die Buchhaltung in noch zwei Unternehmen. Überdies hilft ihnen die Großmutter (die Mutter der Tochter), die schon an die 70 Jahre alt ist, sie arbeitet auch als Buchhalterin und ist den ganzen Arbeitstag hindurch beschäftigt. Einen Teil ihres Arbeitslohns gibt sie in die Familie der Tochter ab. Dabei entsteht bei allen eine gesetzmäßige Frage - warum sucht der Mann in dieser Familie den Nebenverdienst nicht und versucht nicht, eine Dauerbeschäftigung zu finden? Wir haben die Antwort auf diese Frage. Weil eine solche Situation praktisch die Norm in der Ukraine ist. Die Männer sind bei uns das schwache Geschlecht. Ein widerwärtiges soziales Model, das es vorzieht, die Frau als Person wahrzunehmen, hat sich viele Jahre auf dem Territorium unseres Landes bereits vor dem Machtantritt der Kommunisten formiert. Dann erhielten die Frauen die gleichen Rechte wie Männer. Das wirkte sich hauptsächlich auf dem weiblichen Recht aus, um Zweifaches mehr zu arbeiten - zuerst in den Betrieben auf gleichem Fuß mit Männern, und dann zu Hause in der Hausarbeit und in der mit Kindern verbundenen Arbeit. Dabei wird in unserem Land folgende Einstellung betrieben "Wie auch es ist, ist er mein". Es handelt sich darum, daß es unwichtig ist, welcher Mann Familienvorstand ist, er kann auch Alkoholiker sein, die Frau und Kinder schlagen, er kann Faulpelz und Arbeitsloser sein, die Hauptsache besteht darin, daß es in der Familie einen Mann gibt. Was in dieser Situation am meisten in Erstaunen setzt, wenn man den Frauen auf Schritt und Tritt körperliche und psychologische Gewalt antut, bei Ehescheidungen hört man die Beweise wie "das Kind kann ohne Vater nicht leben" oder "es gibt nichts Gutes darin, allein zu leben. Und ich will von den Seiten dieses

Buches aus allen sagen: ich als Frau und Mutter nehme dieses nicht an. Über welche Rolle des Vaters können wir überhaupt sprechen, wenn der Vater trinkt und seine Familie schlägt? Wenn alles nicht schlecht ist, und der Vater trinkt nur von Fall zu Fall, glauben Sie wirklich, daß er diesen Kindern Aufmerksamkeit und Zeit tatsächlich schenkt? Besten Falls spielt der Mann einmal in der Woche die Rolle des Vaters, indem er ständig mit Mobiltelefon spielt oder telefoniert, ohne sich wie früher für Kind zu interessieren. Scheußlich ist nicht nur das. Man versucht die Frauen nach wie vor in dieser schrecklichen Mythe zu überzeugen, daß ihr einziges und richtiges Ziel ihres Lebens darin besteht, sich möglichst teurer zu verkaufen, das heißt möglichst erfolgreich zu heiraten. Je weiter von großen Städten, desto weniger Chancen die Frauen haben, die Bildung zu erhalten und etwas außer der unendlichen Arbeit zu sehen. Niemand vermutet, daß es für ukrainische Frau interessant sein kann, zu studieren, sich zu entwickeln und zu reisen. Und letzten Endes Karriere zu machen. Das ist auch Talent und auch Recht beliebigen Menschen. Nein, bei uns im Lande ist Hauptsache, sich am Mann zu kleben. Und vielleicht haben Recht jene Frauen, die dafür Ausländer suchen - dabei gibt es mindestens eine Chance, ein mehr oder weniger wohlhabendes Leben zu leben.

Und noch etwas über die Ukraine

"Die Fußballspieler eines der Favoriten von Euro-2012 - der Auswahlmannschaft Deutschlands - werden zu den Presse-Konferenzen zu Journalisten mit Fahrrädern kommen. Wie die polnische Informationsagentur PAP berichtet, wird die Mannschaft über 30 eiserne Zweiradpferde haben". Das ist ein Zitat aus einer kleinen Notiz auf der Site football.ua. Wir lachten lange, als wir das gelesen haben. Weil wenn das Fahren mit den Fahrrädern in Polen ein absolut natürlicher Prozess ist, so kann man in der Ukraine höchstens zwei Stadtviertel ohne Lebensgefahr fahren. Wenn wir sogar ein Auge vor dem Fehlen von Radfahrwegen und vor der Umweltverschmutzung zudrücken, rate ich Ihnen sowieso die Freiheit zu nehmen und ins Zentrum von Kiew, am besten zum Stadtbezirk Podol zu kommen. Das ist ein historischer Ort, eine einzigartige Energetik, aber sehen Sie sich unter die Füße. In Podol gibt es kein Stadtviertel, wo ein glatter Asphalt liegt. Es ist unmöglich, Rollschuh zu laufen, die Räder der Kinderwagen fallen überall ab, über das Gehen in Schuhen mit hohen Absätzen schweige ich einfach. Den Frauen, die sich entschließen, das zu machen, muss man kleine Denkmäler errichten. Weil man die Überwindung mit Absätzen von mindestens 4 Stadtvierteln mit den Mittelalterfoltern ohne weiteres auf die gleiche Stufe stellen kann, und unsere Frauen nicht gehen, sie laufen und fliegen. Aber kehren wir zu den Fahrrädern zurück. Das ist ja nicht nur das Entwicklungsniveau der Infrastruktur, das ist auch das Verhältnis des Staates zur Gesundheit der Nation. Bei uns ist es wie immer auf hoher Ebene. Die Geschichten, die ich erzählen will, sind praktisch gleich, das Problem ist ja auch ein und dasselbe. Erzähle ich nur eine, wird es dem voreingenommenen Verhältnis zu irgendeinem Menschen ähnlich sein, und so werden wir sehen, daß das schon ein System ist. Die erste Geschichte ist schon 4 Jahre alt. Sie geschah, als mein Sohn versuchte, in die Schule mit Fahrrad zu fahren. Natürlich (lachen Sie bitte nicht, weil das für die Ukraine in der Tat natürlich ist) gibt es neben der Schule keine eingerichteten Fahrradhaltestellen. Das Fahrrad, umso mehr das Bergrad, darf man bei uns ohne Aufsicht nicht lassen. Wir versuchten abzumachen, daß auf es die Wache aufpasst oder es möglichst nah der Tür steht, aber vergebens. Alle unsere Bitten wurden teilnahmslos abgeschlagen. Man hat uns geraten, das Fahrrad an den Zaun der Schule gegenüber anzubinden. Womit endete das alles. Wie gewöhnlich, man hat den Fahrradsattel gestohlen und damit hörten wir auf, in die Schule mit Fahrrad zu fahren. Jetzt gehen wir dorthin zu Fuß.

Die zweite Geschichte ist knapp 3 Jahre alt. Sie ist mit meinem zweiten Sohn verbunden, der bevorzugte, bei guten Wetterverhältnissen in den Kindergarten mit dem Fahrrad zu fahren. Oh, arme Kindergartenleiterin! Wie hat sie gegen dieses Fahrrad gekämpft. Zuerst drängte sie es aus dem Hinterhof ihres Kindergartens heraus und verschickte in den Abstellraum zum Wächter. Danach verschwand innerhalb eines Monats der Wächter mit dem Schlüssel gerade in der Zeit, wenn ich kam, mein Kind abzuholen. Als die Kindergartenleiterin verstanden hat, daß ihre alle Verfahren auf uns keinen notwendigen Einfluss ausüben, ließ sie zu ihr meinen Mann kommen und sagte ihm ganz offen, daß es auf ihrem Territorium keinen Platz für unser Fahrrad gibt. Mein Mann bat sie, ihm den Gesetzgebungsakt zu zeigen, der den Aufenthalt des Fahrrades auf diesem Territorium verbietet. Als es sich herausgestellt hat, daß sie ihm nichts zu sagen hatte, teilte er ihr mit, daß wir das Fahrrad an den Zaun von der Innenseite des Kindergartens anbinden werden. Die Beziehungen mit der Leiterin wurden ein für allemal verdorben, umso mehr konnte sie das Fahrrad jeden Arbeitstag vom Fenster ihres Arbeitszimmers aus sehen.

Hier ist das letzte Beispiel von Doppelstandards unserer Gesellschaft. Unten ist eine Mitteilung der Agentur "Interfax" vom 27. Februar 2012 (17:24 Moskauer Zeit) angeführt.

"Die Ukraine und Polen sind praktisch voll und ganz bereit, die Europafußballmeisterschaft 2012 auszutragen, versicherte der Vize-Premierminister für Infrastruktur Boris Kolesnikov. "Es sind nur 100 Tage geblieben und unsere Länder (die Ukraine und Polen) sind praktisch bereit", - sagte er während der Fernsehbrücke "Warschau-Kiew". Hundert Tage vor Euro 2012" am Montag.

B. Kolesnikov bemerkte, daß niemand in der Welt die Erfahrung des Baus von vier neuen Flughäfen und drei Start- und Landebahnen innerhalb der Zeit hat, in der sie in der Ukraine gebaut wurden. Außerdem erinnerte er daran, daß vom 15. Mai in der Ukraine zwischen den Euro-2012 empfangenden Städten die Schnellzüge "Hyundai" zu fahren beginnen und betonte, daß vom 15. April bis zum 30. Mai noch einige neue Hotels in Betrieb genommen werden.

"Es scheint mir, daß die Ukraine an die erste Stelle in privaten Stadien in Osteuropa rücken wird" - hob der Vizepremier hervor und erinnerte, daß in der Ukraine für Mittel des Privatkapitals die Stadien in Donezk, Odessa, Dnepropetrowsk und das Stadion mit gemischter Eigentumsform in Charkow gebaut wurden".

Ich habe in diesem Zusammenhang nur drei Fragen an alle Teilnehmer dieser Konferenz:

1. Und warum hat niemand alle diese Flughäfen innerhalb von vorigen 20 Jahren in Ordnung gebracht?

2. Und warum werden die Stadien nur für Mittel des Privatkapitals gebaut. Für welche Zwecke zahlen wir die Steuern?

3. Und brennende Frage. Mir fehlen die Worte, wie wunderbar es ist, daß es uns gelungen ist, die Start- und Landebahnen zu bauen, aber erzählen Sie mir, man kann auch im geheimen, und was wird man mit den Straßen im Zentrum von Kiew machen, die jetzt am meisten dem Nachkriegsminenfeld ähnlich sind?

Die Auftritte unserer Beamten in beliebiger Frage ähneln sich immer mehr den Reden von Generalsekretären zu Zeit der Sowjetunion. Damals war alles wunderbar, es glänzte sogar, und in der Tat war es unmöglich, ohne Reihe die Waren des täglichen Bedarfs zu kaufen. Und jetzt ist es möglich, aber es atmet sich dabei sehr schwer. Glauben Sie, daß es mit den Waren wirklich alles so gut ist? Dann gestatten Sie mir die Frage, warum kostet die Kleidung im Geschäft "Zara" in Spanien um Vielfaches weniger, als die Kleidung im Geschäft dergleichen Handelsmarke in Kiew? Ich kann das Ihnen erzählen. Weil um die beliebige Ware offiziell über die Zollabfertigungsstelle der Ukraine einzuführen, sogar mit den absolut richtigen Unterlagen und ohne zu niedrige Basisbewertung, über die überall die Staatsbeamten klagen, muss man so viele Bestechungsgelder austeilen und/oder der Zwischenhandelsfirma zahlen, daß es einfach unmöglich ist, den Warenwert auf realem und annehmbarem Niveau beizubehalten. Ich kann Ihnen noch mehr sagen, weil diese Geschichte noch eine Fortsetzung hat. In der letzten Zeit wird in der Ukraine immer populärer der Kauf der Kleidung durch die Sites der bekannten Handelsmarken in Europa und Amerika. (Die Ukrainer wissen genau, wer bei den Weihnachtsausverkäufen in den USA half, die Einzelhandelsverkäufe um 11% erhöhen. Das geschieht folgendermaßen. Angenommen, es leben zwei Schwestern: die eine hofft noch auf etwas in der Ukraine, und die andere lebt schon in Europa. Was geschieht weiter. Die Schwester, die in Frankreich, Deutschland, England (letzten Endes hat das keine Bedeutung) lebt, lässt sich auf die Site der Gesellschaft als einfacher Privatkäufer registrieren. Das kann "Next", "M@S", "H@M" und noch eine große Anzahl von verschiedenen Gesellschaften sein, die (mit Berücksichtigung der Abschläge und Steuerabwesenheit) ihre Waren zum sehr für die Ukraine anziehenden Preis verkaufen. Und dann geht es los. Die Schwester in der Ukraine sucht nach den Käufern, die Schwester in Europa kauft die durch sie bestellten Sachen aus. Sie schlagen ihre 5 bis 20% für ihre Dienstleistungen drauf und benutzen die Aktionen, die für ukrainische Bürger unzugänglich sind. Dabei haben sie einen stabilen Verdienst, insbesondere in der Auskaufssaison. Dann versenden sie diese Waren in die Ukraine als gewöhnliche Privatpackete. Die in der Ukraine lebende Schwester erhält sie, zerlegt sie in einzelne Packete und nach der Nachbezahlung für das Gewicht (noch ein Einkommenposten, für die Sachen aus Großbritannien muss man je 3,5 Pfund für ein Kilo zuzahlen, obwohl die Zulieferung für sie gewöhnlich billiger kostet) versendet sie sie an ihre Kunden. Und was meinen Sie? Zahlen wir diese alle %% für Zulieferung und Gewicht unnötig? Weit gefehlt sich!!! Mit all diesen Aufschlägen erreicht der Kurs von britischem Pfund etwa 17 Hrywnja, aber sogar dabei erweisen sich die Sachen aus "M@S" billiger, als in den Kiewer Geschäften. Auf das Vielfache. Das ist wahr. Für einen Satz von Hemden aus einem Kiewer Geschäft haben wir 650 Hrywnja gezahlt und bei der Zulieferung aus Britannien müssten wir dafür 450 Hrywnja zahlen. Über die Waren aus den USA spreche ich überhaupt nicht. Die Schuhe für 27 Dollar, die hier etwa 1000 Hrywnja (etwa 125 Dollar) kosten, wärmen mir persönlich die Seele bis jetzt. Weil ich, wie jeder normaler Mensch, nicht überzahlen und für mein Geld die Qualitätsware erhalten will. Ich würde mit Vergnügen die ukrainische Produktion kaufen und wäre stolz davon. Ich weiß aber, daß es unter heutigen Verhältnissen - gesetzgebenden, steuerlichen und politischen - immer unrealistischer wird. In der Ukraine wird bald das Business selbst unvorteilhaft werden, nur die Gesellschaften von Netz-Marketing werden blühen.

Das Leben nach dem Leben

Ich habe Mileid besonders mit den Rentnern. Natürlich gibt es verschiedene Rentner. Es gibt die erbitterten und die das heutige Leben nicht annehmenden Rentner. Ich denke aber oft, wie würden wir uns an ihrer Stelle fühlen. Diese einige Generationen von Menschen, die mehr arbeiteten, schlechter lebten, was erhielten sie zum Ersatz? Die Achtung, verdiente Rente, eine Möglichkeit, eine normale Lebensweise zu führen? Es gibt nichts davon.

Wissen Sie, wie nennt man in unserem Lande den Prozess rechtlicher Rentenausgestaltung? Die letzte Arbeitsgroßtat. An der Rentenfondstür, wo das geschieht, kann man ohne weiteres kleines Schild mit dem Zitat aufhängen: "Lasst, die ihr eingeht, alle Hoffnungen fahren!"

Spricht man kurz, geschieht alles lang, nicht kompetent, nervös, nichtorganisiert und einfach schlecht.

Hier, zum Beispiel, meine Mutter. Ich schweige darüber, daß die Lehrerin solchen Niveaus in ihrem Alter wohlhabendes Leben führen muss und Kopeken nicht zählen. Praktisch hat sie ihre ganze Beschäftigungsdauer, und zum Moment der Rentenausgestaltung machte das bereits über 30 Jahre, an einem Ort abgearbeitet. Sie ging alle Stufen des Karriereaufstieges der Professorenschaft in einer Hochschule in einer der Städte der Ukraine durch. Dort hat sie eine Kandidatendissertation verteidigt und dort den Dozententitel erhalten. Sie hat nicht gezweifelt, daß sie nach den Gesetzen der Ukraine eine Wissenschaftsrente zu bekommen hat. Hier muss man erklären, daß die Wissenschaftsrente eine große Vergünstigung ist, da sie bedeutend höher ist als eine Standardrente.

Man muss meine Mutter kennen - das ist ein sehr verantwortlicher und sehr organisierter Mensch. Praktisch alles, was man kann, plant sie und macht im Voraus, deshalb hat sie mit einem Rentenantrag an die Abteilung des Rentenfonds ein Monat vor ihrem fünfundfünfzigeren Jahrestag gewandt.

Hier haben wir ihre ersten Eindrücke:

1. Die Abteilung des Rentenfonds selbst befindet sich in einem ehemaligen Kindergarten, wo es eng, und nichts für die Arbeit eingerichtet ist.

2. Die Sprechstundentage sind nur anderthalb Tage - am Montag von 8 bis 17.30 und am Mittwoch von 8 bis 12.30.

3. Ein Inspektor bedient eine große Menge von Menschen.

4. Die Reihen sind sehr groß, es gibt wenig Stühle, deshalb verbringen die Rentner (ehrlich gesagt alte Männer und alte Frauen) den großen Teil der Zeit stehend.

5. Wenn man sich am Morgen am Sprechstundentag in eine Schlange nicht einreiht, so kann man an diesem Tag zum Inspektor nicht hingeraten.

(Ihre Beschwerden erinnerten mir mit blutendem Herzen an jede Staatsstruktur, die ich als Unternehmer, oder als gewöhnlicher Mensch besuchen musste).

Sowieso ist es ihr auf den zweiten oder den dritten Wurf gelungen, zum Inspektor hinzugeraten. Wie es in solchen Organisationen festgelegt ist, gibt es keinen, der beraten kann, und wenn du schon im Arbeitszimmer des Inspektors bist, stellt es sich heraus, daß absolut alles nicht richtig abgefasst ist. Außerdem wundert sich die Mitarbeiterin des Rentenfonds aufrichtig, warum niemand außer ihr mit der Ausgestaltung helfen kann. Als ob das unbestimmt wessen Arbeit ist, aber nicht ihre.

Daran sind wir aber gewöhnt, aber was geschah weiter. Nach dem Studium von Dokumenten meiner Mutter erklärt die Inspektorin plötzlich:

- Die Wissenschaftsrente steht Ihnen nicht zu.

Nachdem meine Mutter wieder zu sich gekommen war, fragte sie nochmals:

- Wie, warum steht sie mir nicht zu?

Die Inspektorin berichtete, daß die Hochschule zu den Hochschuleinrichtungen nicht gehört, und den Mitarbeitern anderer Einrichtungen keine Wissenschaftsrente ausgezahlt wird. Die Mutter versuchte zu erklären, daß sogar in der Bezeichnung der Einrichtung, wo sie gearbeitet hat, immer das Wort "hoch" war. Für die Inspektorin ist das aber leerer Schall. Im Papier ist das nicht geschrieben, so heißt das, daß ihr keine Wissenschaftsrente zusteht. Um die Gerechtigkeit zu erzielen, ging meine Mutter dann vielmals zum Bezirksleiter. Der hat etwas lange aufgeklärt und präzisiert, aber hat auch abgesagt. Dann wurde sie zur Gebietsverwaltung geschickt. Und da hatte meine Mutter Glück - das ist ja die Ukraine! Der Vorsitzende der Gebietsabteilung des Rentenfonds war ein Rentner, mit dem meine Mutter fast 20 Jahre gearbeitet hatte. Natürlich löste sein Anruf alle Probleme und es wurde begonnen, ihr die Wissenschaftsrente auszustellen.

Das ist ja nur der Anfang. Vor kurzem wurde ihr die Rentenneuberechnung durchgeführt. Die Mitarbeiterin des Rentenfonds bat sie einige Male später (nach einem oder zwei Monaten) zu kommen, bis es sich herausstellte, daß die Mutter für diese Zeit einige Tausend Hriwnja weniger erhalten wird, weil die Rentenneuberechnung nur nach der Einreichung eines Antrages und aller notwendigen Dokumente durchgeführt wird.

Ein richtig ausgestelltes Papier - das ist ein wichtiger Teil des Lebens in der Ukraine. Niemand aber kann meiner Mutter erklären, warum jedes Mal, wenn die Rentenneuberechnung durchgeführt wird, sie in den Rentenfonds das Original des Diploms über die Hochschulbildung mitbringen muss?

Und noch beinahe um Verschiedenes

Bei uns im Gebiet Tscherkassy lebt ein ungewöhnlicher Mann. Mit den Kräutern entfernt er Muttermale, Hautkrakheiten und Krebstumoren. Glauben Sie, daß es jemandem interessant ist? Das ist grade der Fall mit einem Mann, der eine kleine Broschüre mit Yogi-Übungen, die bei den Krebstumoren helfen, herausgeben lassen wollte. Er hat sie geschrieben, er hatte aber kein Geld für ihre

Herausgabe und er begann, unsere Staatsstrukturen mit Bitten zu bestürmen, hoffend, daß sie ihm ein wenig Geld bereitstellen werden. Er hat sogar keinen Gewinn gebraucht, er wollte den kranken Kindern und ihren Eltern diese Broschüren kostenlos austeilen. Im Allgemeinen besuchte er lange bittend verschiedene Instanzen, bis sich endlich ein Beamter über ihn erbarmte und ehrlich sagte:

Doch gibt dir niemand Geld für dieses Büchlein. Der Staat erhält so viel Geld von Betreuung der Krebskranken… Das ist für niemanden interessant.

So lebt der Wunderdoktor im Gebiet Tscherkassy. Er lebt in seinem Haus im Dorf und betreibt Naturalwirtschaft, und zugleich betreut er alle (Gott sei Dank nicht kostenlos), wer sich an ihn um Hilfe wendet. Und die Leute kommen zu ihm aus aller Welt. Und die "guten" Nachbarn helfen: sie schicken für ihn die Prüfungen der Staatsanwaltschaft und Steuerinspektion herab. Es ist gut, daß er sie auch behandelt, daher prüfen sie ihn nicht sehr streng, dabei verstellen sie sich nur.

Hier ist noch ein Fall. Es lebt bei uns in der Ukraine eine Frau, die die Kinder mit den Märchen behandelt. Die Ärzte geben ihr ihre hoffnungslosen Krebskranken ab. Und sie rettet sie. Glauben Sie, daß sie für jemanden interessant ist? Ich versuche, vom Standpunkt unserer Leiter aus zu urteilen.

Wenn du sogar auf Kinder und überhaupt auf Leute pfeifst, so denk nur, wie viel Geld könnte man für den Haushalt erhalten, wenn man für diese Frau ein modernes Zentrum für ihre Märchen baute und Möglichkeit gäbe, den Leuten aus anderen Ländern zur Behandlung zu kommen. Es gibt auch dafür keine Zeit, weil sich alle mit ihren Finanzproblemen beschäftigen.

Was die einfachen Ukrainer anbetrifft, so gibt es zwei Sachen, die ich nicht annehmen kann. Das ist Grobheit in den Verkehrsmitteln und Neid. Es sieht so aus, als ob die Menschen verlernt hätten, die Konflikte zu löschen und normal zu verkehren. Erteilt jemand beispielsweise im Bus einem anderen einen Verweis, so entsteht sofort ein Skandal. Niemand bekommt einen klaren Begriff davon, ob der Verweis richtig oder nicht richtig ist, die Hauptsache ist, daß man die angehäuften negativen Emotionen abwerfen kann. Der Neid ist im Allgemeinen eine furchtbare Sache. Ukrainischer Neid lebte, lebt und wird ewig leben. Niemand kann das Leben genießen - die Hauptsache ist, daß dein Leben nicht schlechter sein muss, als das des Nachbars. Deine Errungenschaften müssen auch größer sein, als die des Nachbars. Es ist besser, unbedeutend und unbemerkbar zu sein. Ist dein Leben besser, werden die Nachbarn nicht schlafen, nicht essen. Sie werden stockend atmen, bis sie dein Leben verderben. Und was kannst du mit ihnen tun? Nichts. Bis wir im Lande keine Achtung vor jedem Beruf und ehrlicher Arbeit haben. Und bis diese Arbeit entsprechend bezahlt werden wird.

Im Großen und Ganzen ist unser Volk gut. Ehrlich gesagt, liebe ich unsere Menschen sehr. Wie im beliebigen Lande, sind sie verschieden. Innerhalb von Jahren, die ich in der Ukraine gelebt habe, sammelte ich sehr viele wunderbare Erinnerungen. An die Herzensgüte, an die Unterstützung, gegenseitige Hilfe, an die Liebe zu Kindern, an den Professionalismus. Doch kann man alles nicht erzählen. Mich wundert aber anderes. Daß die am meisten bewundernswerten Seelenausbrüche jene bekunden, die man als erfolgreiche oder wohlhabende Menschen nicht nennen kann. Ihre Fähigkeit, die Menschengüten zu erhalten und zu zeigen, ist wirklich erstaunlich. Meine Bekannte, die in der Jugend nach Deutschland zur Arbeit nach Au-pair-Programm gefahren war, erzählte mir einst eine Geschichte. Wie sie einmal vom Spaziergang mit zwei Kindern zurückkehrte. Dabei trug sie ein Kind auf dem Arm und das zweite Mädchen hielt an der Hand und noch stieß vor sich her den Kinderwagen. Als sie die Straße überquerten, fiel dem Kinderwagen ein Rad ab. Und kein Mensch, kein!!! ist ihr zu Hilfe gekommen. Für die Ukrainer ist das Wildheit. Selbst wenn unsere Männer ihnen den

Anschein gegeben hätten, daß sie nichts bemerkt hätten, würden die Frauen, die über die Schwierigkeiten mit den Kindern wissen, unbedingt zur Hilfe kommen. Und niemand zwingt mich zu denken, daß das schlecht ist. Es gibt keine Probleme mit der Demokratie, wenn sie Menschlichkeit bekunden und einfach den Regeln folgen. Das ist meine Meinung. Und ich zwinge sie niemandem auf.

Epilog

Wie möchte ich unser Land sehen? Das ist eine einfache und gleichzeitig eine komplizierte Frage. Man kann das Land blank polieren, man kann die Lebensbedingungen komfortabel und verständlich machen. Wird aber das irgendwelchen Wert beim Fehlen der Freiheit und Achtung haben? Der Achtung vor sich, vor den Gesetzen, vor den Rechten und Freiheiten jeden beliebigen Menschen? Ich glaube, nicht.

Ich möchte gerne, daß ein für allemal die Spekulationen mit der Staatssprache aufhören. Wir fragen ja nicht: "warum muss man Französisch studieren, um die Arbeit in Frankreich zu finden"? Und in der Ukraine geschieht es aus irgendeinem Grunde auf Schritt und Tritt. Ich, trotz der ukrainischen Staatsbürgerschaft, habe keinen Tropfen ukrainischen Blutes. Alle meine Vorfahren sind Vertreter des russischen Volkes. Aber ich halte es für meine Pflicht, die Sprache des Landes zu kennen, wo ich geboren und aufgewachsen wurde. Wo ich die Bildung und Möglichkeit erhielt, die Kinder zu gebären und zu erziehen. Aber solche wie ich sind Minderheit. Die Menschen hetzt man lange aufeinander, um sie von den durch diese Macht hervorgerufenen realen Problemen abzulenken. Dabei sinnt niemand darüber nach, daß es im Grunde genommen die Pflicht jeden bewussten Bürger ist, die Sprache seines Landes zu kennen. Das ist ja ein der ersten Schritte, der die Achtung vor dem Land als Staat demonstriert. Und wenn es die Achtung im Inneren des Landes gibt, wird sie so oder so auch von außen her zu formieren beginnen.   Ich würde noch aufmerksam hinsehen - woran ist die heutige Ukraine reich, und nicht nur jene, die vor Jahrhunderten gewesen war. Weil es einfach eine Schande ist - wohin man auch sehen mag, siehst du nur die Kosaken und Stickhemde. Keine Talente, keine Entwicklung, kein Land. Die Geschichte der Ukraine ist doch nicht vor 300 Jahren zum Abschluss gekommen.

Und noch möchte ich, daß die Reformen und Erfolge, über die man uns erzählt, real sind. Wie vieles hat heutige Macht gemacht. Aber wo sind die Verbesserungen? Du trinkst Tee mit Zucker, und er ist nicht süß. Und du denkst, daß du Probleme mit der Bauchspeicheldrüse hast. In der Tat wurde in die Ukraine im Höhepunkt der Zuckerkrise zu viel Zucker-Ersatz eingeführt. Und jetzt wird er aus aller Kraft in die Packungen mit stolzer Anschrift "Цукор" (Zucker auf Ukrainisch) verpackt. Bringst du das Kind in den Kindergarten, siehst du, daß die Räume viele Jahre ohne Renovierung stehen. Und wenn mit der Renovierung, so ist das alles durch den Leiter als sorgfältig anpreisende Hilfe von örtlichen Deputierten gemacht und von den Eltern bezahlt. Die Erzieherin erhält dabei den Lohn in Höhe von knapp 1000 Hriwnja. Werden Ihnen bei solchem Lohn fremde Kinder interessant sein? Richtig, nur wenn die Eltern der Erzieherin für diese Kinder zuzahlen werden, was auf Schritt und Tritt gemacht wird. Die anderen Kinder dulden sie einfach, indem sie ihnen Minimum Aufmerksamkeit schenken.   In den Schulen - unendliche Beiträge zu den Fonds der Klasse, in höheren Klassen laufen die Eltern selbst mit Geschenken den Lehrern nach, damit das Kind ein normales Reifezeugnis erhält.

Die Unternehmer heulen vor Abgaben und Hass.

Die Studenten studieren nicht, alles kann man schon lange für Bestechungsgeld kaufen, und die, die studieren, fahren dann wohlbehalten in ihrer Mehrheit ins Ausland, um dort zu leben und zu arbeiten.

Die Ärzte lügen und stellen nicht richtige Diagnosen. Sie schreiben die teuersten Präparate vor, und es ist gut, wenn sie helfen. Am häufigsten helfen sie nicht, und dann schreibt man andere noch mehr teuerere Präparate vor, um das zu verbessern, was mit den vorigen Arzneimitteln verdorben worden war.

Und so kann man bis ins Unendliche fortset-
zen.

Und wenn es Ihnen scheint, daß ich einfach
Geld verdienen will und in Wirklichkeit alles viel
besser ist, na gut… **Kommen Sie in die Ukraine!**